BEDONNANT, PINGRE, RONCHONNEUR, VISSÉ À SON PC ...

TOUS LES DÉFAUTS DES MECS

DESSINS : FREDMAN

TEXTE : JIM

COULEURS SÉBASTIEN BRUNET

MAQUETTE JIM STUDIO

DANS LA COLLECTION FREDMAN & JIM

TOUS LES DÉFAUTS DES MECS

TOUS LES DÉFAUTS DES MECS 2

TOUT CE QUI FAIT RÂÂÂLER LES NANAS

COMMENT SUPPORTER LA FAMILLE

MAIGRIR - LE SUPPLICE / MAIGRIR - LA TORTURE

NOS PIRES FÊTES FOIREUSES

TOUS MES «VRAIS» AMIS

RESTER JEUNE À TOUT PRIX

PUTAIN DE VACANCES

& ÉGALEMENT PAR JIM

L'AMOUR

LE DÉSIR - DÉCORS JUAN

LA FLEMME

LA THUNE

500 IDÉES POUR GLANDER AU BOULOT

500 IDÉES POUR ÊTRE UN TYPE EN OR

JINGLE SEX

PAR JIM & GASTON

ON ÉTEINT LA LUMIÈRE... ON SE DIT TOUT

T'AS VU TA TRONCHE

PAR JIM & PONT

LA HONTE

LA HONTE 2

www.ventsdouest.com

EDITIONS VENTS D'OUEST 31-33 RUE ERNEST RENAN 92130 ISSY LES MOULINEAUX
 DEPOT LEGAL OCTOBRE 2005

ACHEVE D'IMPRIMER EN FRANCE EN OCTOBRE 2005 PAR POLLINA - n° L20432

TOUS LES DÉFAUTS DES MECS

L'INTRO

DIX ANS...
DIX ANS QUE JE VIS AVEC LUI...
ET AUJOURD'HUI, COMME AU PREMIER JOUR...

... L'EXCITATION EST À SON COMBLE.
POUSSEZ-VOUS PLAAACE! LAISSEZ PASSER!
BLAM

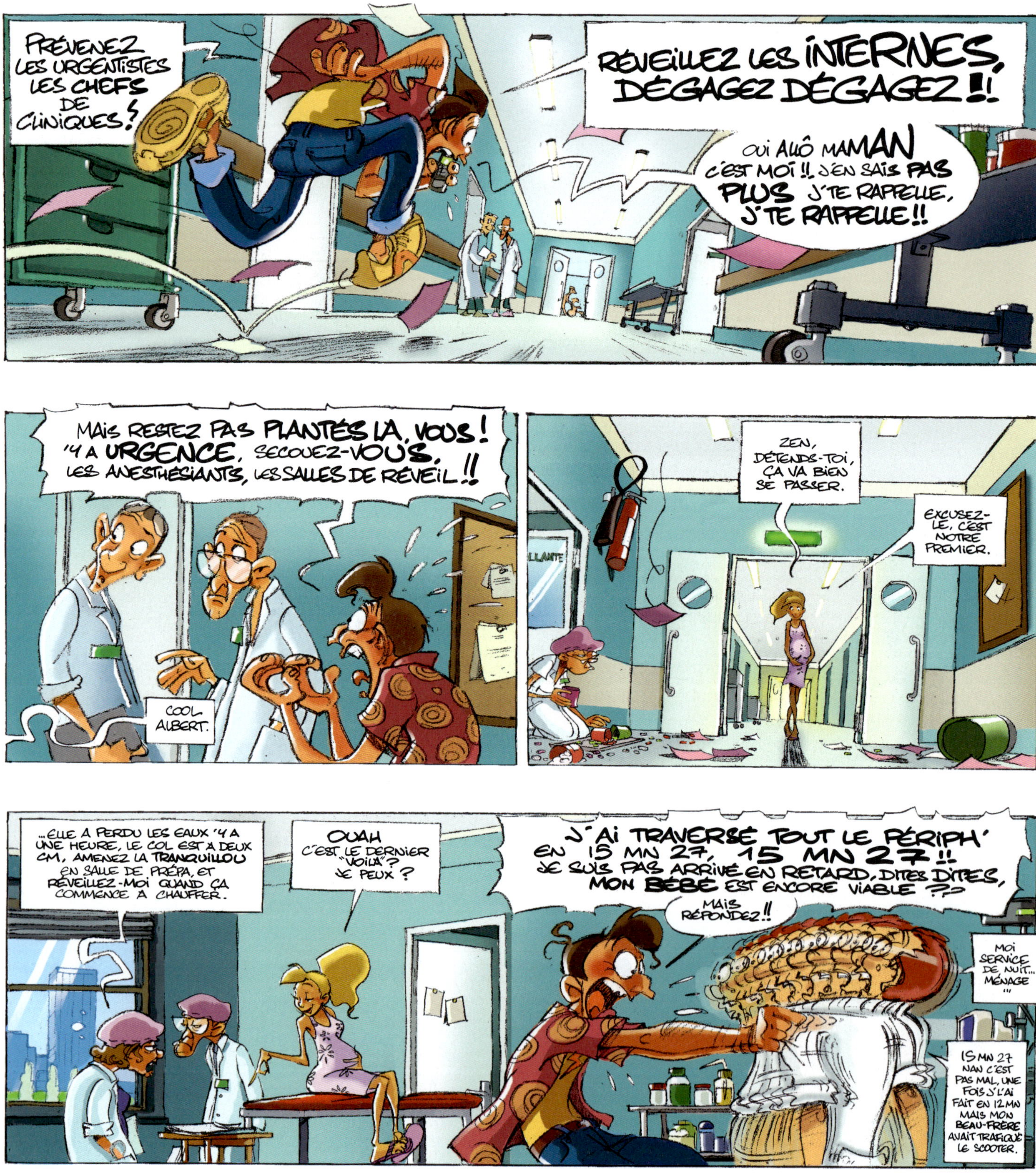
PRÉVENEZ LES URGENTISTES LES CHEFS DE CLINIQUES !
RÉVEILLEZ LES INTERNES, DÉGAGEZ DÉGAGEZ !!
OUI ALLÔ MAMAN C'EST MOI !! J'EN SAIS PAS PLUS J'TE RAPPELLE, J'TE RAPPELLE !!
MAIS RESTEZ PAS PLANTÉS LÀ, VOUS ! 'Y A URGENCE, SECOUEZ-VOUS, LES ANESTHÉSIANTS, LES SALLES DE RÉVEIL !!
COOL ALBERT.
ZEN, DÉTENDS-TOI, ÇA VA BIEN SE PASSER.
EXCUSEZ-LE, C'EST NOTRE PREMIER.
...ELLE A PERDU LES EAUX 'Y A UNE HEURE, LE COL EST À DEUX CM, AMENEZ LA TRANQUILLOU EN SALLE DE PRÉPA, ET RÉVEILLEZ-MOI QUAND ÇA COMMENCE À CHAUFFER.
OUAH C'EST LE DERNIER "VOILÀ" ? JE PEUX ?
J'AI TRAVERSÉ TOUT LE PÉRIPH' EN 15 MN 27, 15 MN 27 !! JE SUIS PAS ARRIVÉ EN RETARD, DITES DITES, MON BÉBÉ EST ENCORE VIABLE ?!?
MAIS RÉPONDEZ !!
MOI SERVICE DE NUIT... MÉNAGE ...
15 MN 27 NAN C'EST PAS MAL, UNE FOIS J'AI FAIT EN 12 MN MAIS MON BEAU-FRÈRE AVAIT TRAFIQUÉ LE SCOOTER.

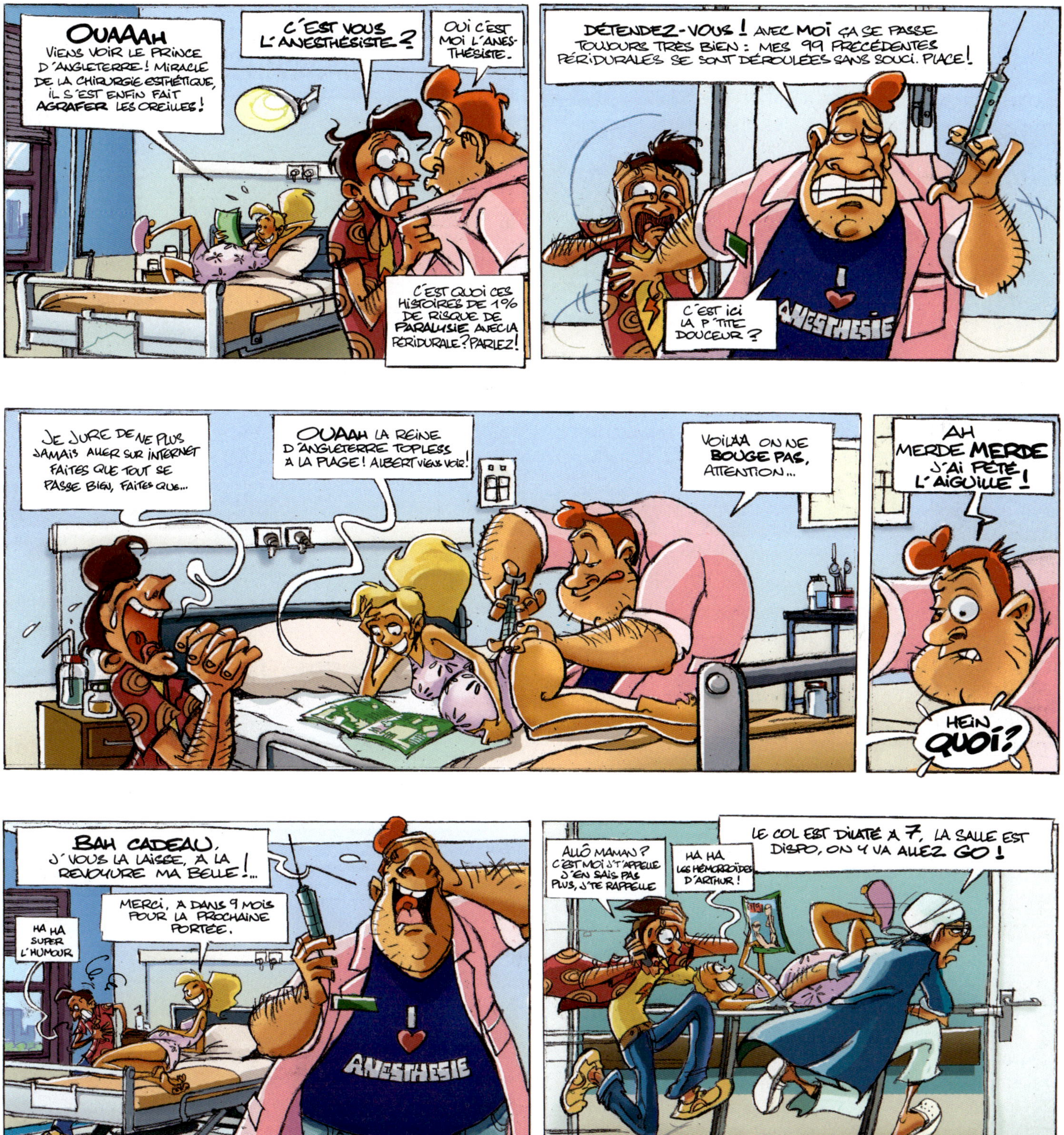
OUAAAH
VIENS VOIR LE PRINCE D'ANGLETERRE ! MIRACLE DE LA CHIRURGIE ESTHÉTIQUE, IL S'EST ENFIN FAIT AGRAFER LES OREILLES !
C'EST VOUS L'ANESTHÉSISTE ?
OUI C'EST MOI L'ANESTHÉSISTE.
C'EST QUOI CES HISTOIRES DE 1% DE RISQUE DE PARALYSIE AVEC LA PÉRIDURALE ? PARLEZ !
DÉTENDEZ-VOUS ! AVEC MOI ÇA SE PASSE TOUJOURS TRÈS BIEN : MES 99 PRÉCÉDENTES PÉRIDURALES SE SONT DÉROULÉES SANS SOUCI. PLACE !
C'EST ICI LA P'TITE DOUCEUR ?
I ♥ ANESTHÉSIE
JE JURE DE NE PLUS JAMAIS ALLER SUR INTERNET FAITES QUE TOUT SE PASSE BIEN, FAITES QUE...
OUAAH LA REINE D'ANGLETERRE TOPLESS A LA PLAGE ! ALBERT VIENS VOIR !
VOILAA ON NE BOUGE PAS, ATTENTION...
AH MERDE MERDE J'AI PÉTÉ L'AIGUILLE !
HEIN QUOI ?
BAH CADEAU, J'VOUS LA LAISSE, A LA REVOYURE MA BELLE !...
MERCI, A DANS 9 MOIS POUR LA PROCHAINE PORTÉE.
HA HA SUPER L'HUMOUR
I ♥ ANESTHÉSIE
ALLÔ MAMAN ? C'EST MOI J'T'APPELLE J'EN SAIS PAS PLUS, J'TE RAPPELLE
HA HA LES HÉMORROÏDES D'ARTHUR !
LE COL EST DILATÉ A 7, LA SALLE EST DISPO, ON Y VA ALLEZ GO !

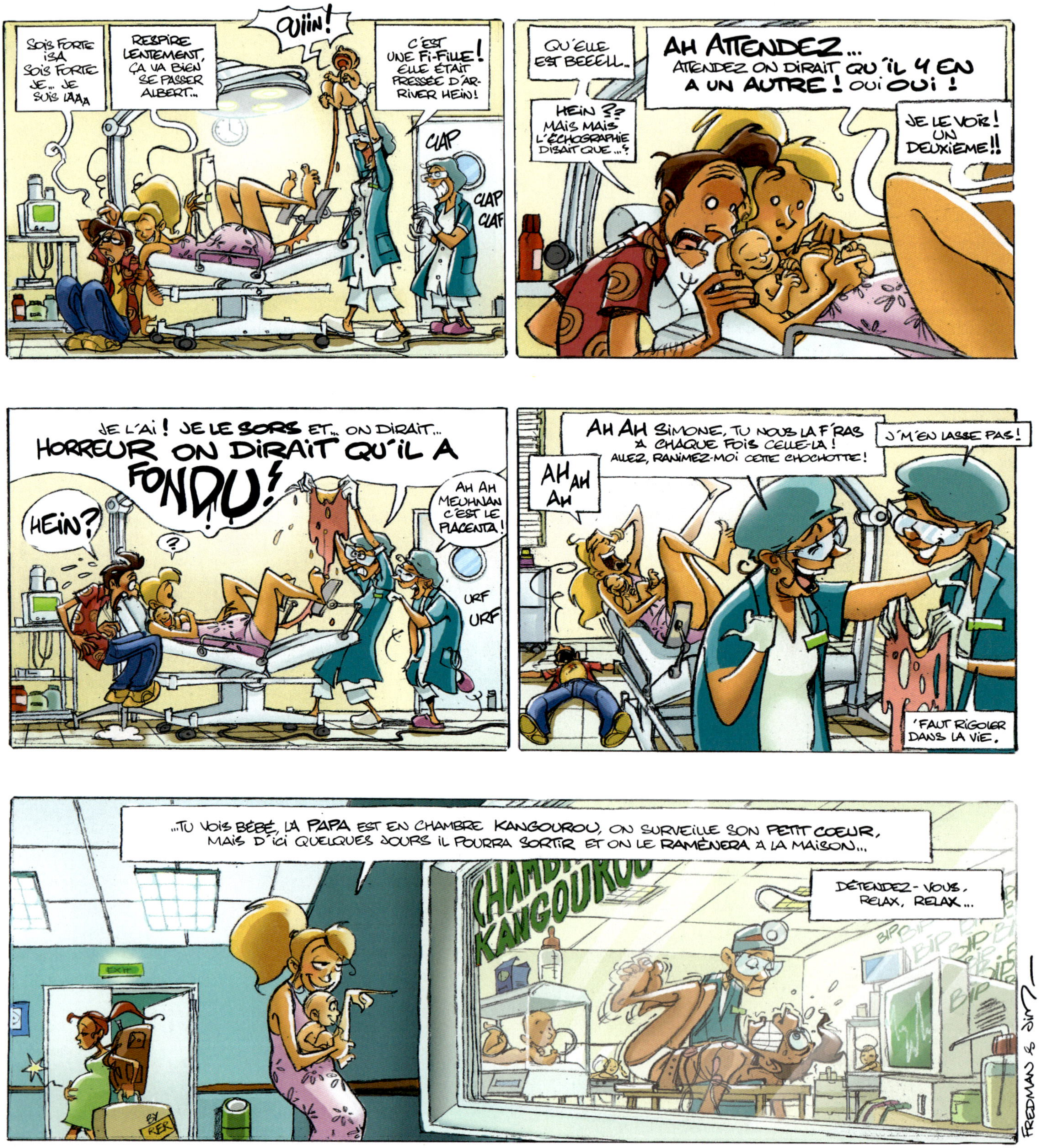
SOIS FORTE ISA SOIS FORTE JE... JE SUIS LÀAAA
RESPIRE LENTEMENT, ÇA VA BIEN SE PASSER ALBERT...
OUIIN!
C'EST UNE FI-FILLE! ELLE ÉTAIT PRESSÉE D'ARRIVER HEIN!
CLAP
CLAP
CLAP
QU'ELLE EST BEEELL...
AH ATTENDEZ... ATTENDEZ ON DIRAIT QU'IL Y EN A UN AUTRE! OUI OUI!
HEIN ?? MAIS MAIS L'ÉCHOGRAPHIE DISAIT QUE...?
JE LE VOIS! UN DEUXIÈME!!
JE L'AI! JE LE SORS ET... ON DIRAIT... HORREUR ON DIRAIT QU'IL A FONDU!
HEIN?
?
AH AH MEUHNAN C'EST LE PLACENTA!
URF
URF
AH AH SIMONE, TU NOUS LA F'RAS À CHAQUE FOIS CELLE-LÀ! ALLEZ, RANIMEZ-MOI CETTE CHOCHOTTE!
J'M'EN LASSE PAS!
AH AH AH
'FAUT RIGOLER DANS LA VIE.
...TU VOIS BÉBÉ, LA PAPA EST EN CHAMBRE KANGOUROU, ON SURVEILLE SON PETIT COEUR, MAIS D'ICI QUELQUES JOURS IL POURRA SORTIR ET ON LE RAMÈNERA À LA MAISON...
DÉTENDEZ-VOUS, RELAX, RELAX...
BIP BIP BIP
FREDMAN '06 JIM

LE PINGRE

Déf : **N. et Adj. Barricadé de la carte bleue. Qui n'aime pas lâcher sa thu-thune.**

0 % de compatibilité avec le concept charme et séduction.

NEW COLLEC
SOIXANTE EUROS? C'EST PAS UN PEU CHER POUR LE P'TIT? REGARDE CELLES-CI SONT TRÈS BIEN ICI...
ÇA VA TU SENS LE BOUT LÀ?
VI VI
LE COIN DES AFFAIRES
ON EST EN DÉCEMBRE J'TE RAPPELLE, LES TONGS MOYEN.

TROIS EUROS LE ROULEAU DE SCOTCH ICI ?? MAIS C'EST DU VOL !
NAN REPOSE ÇA, AU BOULOT J'PEUX LE PIQUER GRATUITEMENT...
RENT

VRAI? VOUS ME FAITES CE FAUTEUIL À TRENTE EUROS?
MAIS CHEZ MA MÈRE EN FOUILLANT BIEN Y'A DES TRÉSORS À LA CAVE, DES FAUTEUILS Y'EN A PLEIN LES ARMOIRES!

OUI OUI BIEN SÛR QUE J'LA PRENDS AVEC TOUTES LES OPTIONS, ON VA PAS MÉGOTER, HEIN!
DONC JANTES CHROMÉES FINITION PLATINE, CLIM' INTUITIVE, ACCOUDOIRS TEMPÉRÉS...
FREDMAN & JIM

LE GLORIEUX

Déf : Adj. Qui rayonne. Paillettes, trompettes de la gloire et fanfaronnades.

Petites vanités coutumières pour 100 % des mecs un tout p'tit peu sincères.

...DE TOUS TEMPS, L'HOMME EST UN ÊTRE DE LUMIÈRE AUX YEUX DE SA COMPAGNE...
UN MAMMOUTH ! C'ÉTAIT LUI OU MOI - NOUS AURONS À MANGER POUR TROIS HIVERS.
TROP COOL.
J'TE KIFFE

DE TOUS TEMPS, L'HOMME A MONTRÉ SA BRAVOURE, DÉFIÉ TOUS LES OBSTACLES...
PAR LES MILLE PRODIGES DU ROI ARTHUR, PAR L'ÉPÉE TU VAS PÉRIR !
PRENDS ÇA DANS TON CERVELET GAUCHE.
QUEL HOMME !

DE TOUS TEMPS, L'HOMME A DÉVOILÉ SA SUPERBE, ILLUMINANT LE QUOTIDIEN D'INSTANTS EXTRAORDINAIRES...
PCHHH
QUE M'IMPORTE L'HUILE BOUILLANTE, JE TE DÉLIVRERAI, Ô PRINCESSE !
VIENS VIENS, Ô MON BEIGNET D'AMOUR...
TROP FORT !

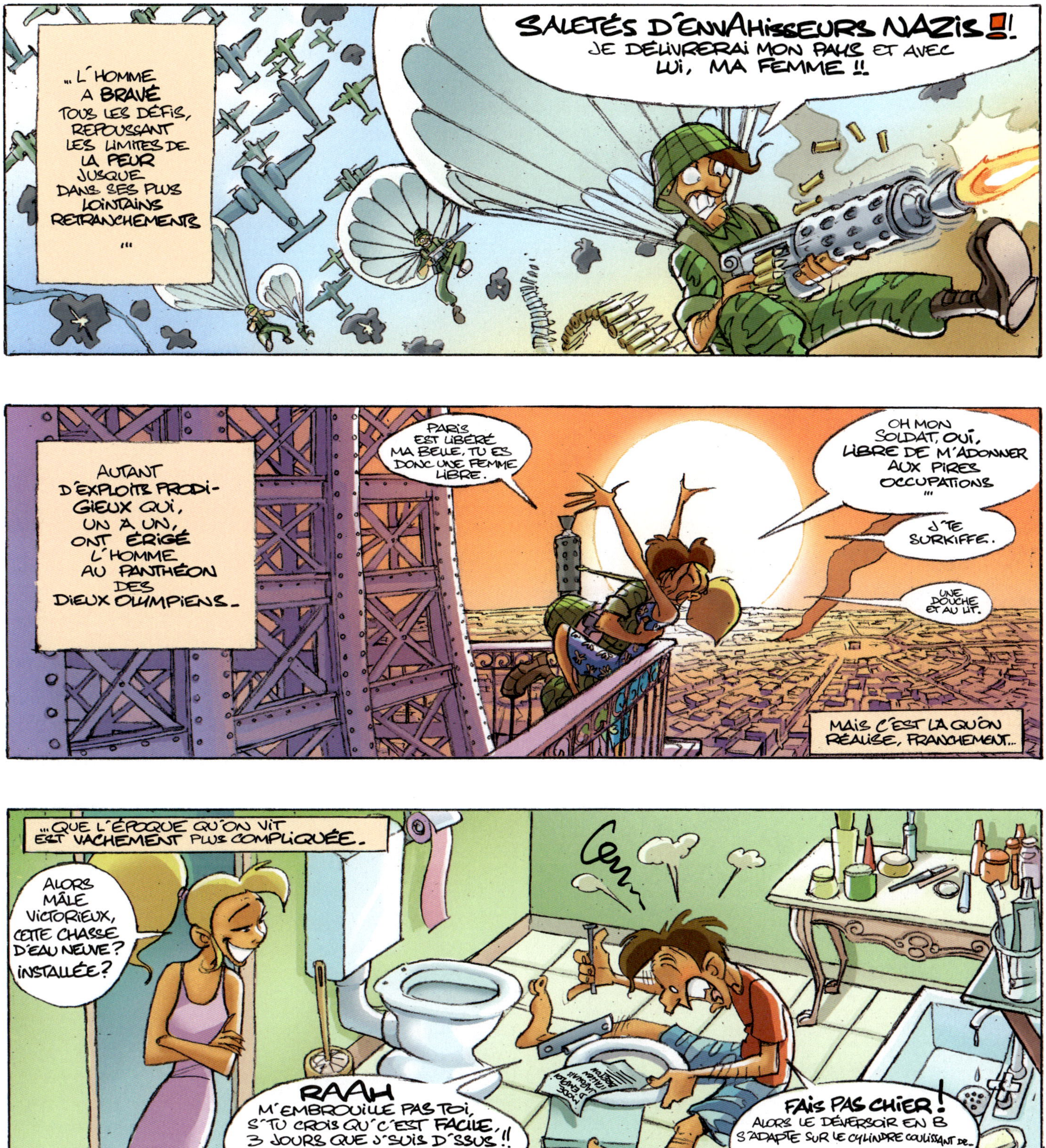
... L'HOMME A BRAVÉ TOUS LES DÉFIS, REPOUSSANT LES LIMITES DE LA PEUR JUSQUE DANS SES PLUS LOINTAINS RETRANCHEMENTS ...
SALETÉS D'ENVAHISSEURS NAZIS !! JE DÉLIVRERAI MON PAYS ET AVEC LUI, MA FEMME !!
AUTANT D'EXPLOITS PRODIGIEUX QUI, UN À UN, ONT ÉRIGÉ L'HOMME AU PANTHÉON DES DIEUX OLYMPIENS.
PARIS EST LIBÉRÉ MA BELLE, TU ES DONC UNE FEMME LIBRE.
OH MON SOLDAT, OUI, LIBRE DE M'ADONNER AUX PIRES OCCUPATIONS ...
J'TE SURKIFFE.
UNE DOUCHE ET AU LIT.
MAIS C'EST LÀ QU'ON RÉALISE, FRANCHEMENT...
...QUE L'ÉPOQUE QU'ON VIT EST VACHEMENT PLUS COMPLIQUÉE.
ALORS MÂLE VICTORIEUX, CETTE CHASSE D'EAU NEUVE ? INSTALLÉE ?
RAAH M'EMBROUILLE PAS TOI, S'TU CROIS QU'C'EST FACILE, 3 JOURS QUE J'SUIS D'SSUS !!
FAIS PAS CHIER ! ALORS LE DÉVERSOIR EN B S'ADAPTE SUR LE CYLINDRE COULISSANT DE...
FREDMAN & JIM

LE RONCHONNEUR

Déf : N. et Adj. Qui manifeste sa mauvaise humeur par des grognements inaudibles et marmonnés.

Hormones "ronchonneurs" livrées d'office sur 100 % des modèles masculins (offre permanente).

CE QUI M'HORRIPILE LE PLUS CHEZ LUI ? SON CÔTÉ MULTIFACE.
IL EST MAL LUNÉ, RONCHON, TÊTE DE CON, ON EST TOUS LES DEUX À L'APPART', UN POTE L'APPELLE ET...
BOUGE PAS TON CUL J'Y VAIS
QUI C'EST QUI VIENT NOUS FAIRE CHIER ?
DRING

SALUT AH FRED OUAIS ÇA VA SUPER ET TOI AH AH AH
AH ÇA C'EST SÛR C'EST ÉNERVANT, LE MIEN IL EST PAREIL.
COOL

OUAIS UN POT DEHORS ? BIN ALLEZ ! AHAH T'ES CON OK J'ENFILE UNE CHEMISE ET HOP HOP HA HA CIAO CIAO
ET LÀ OÙ ÇA M'AGACE VRAIMENT C'EST DÈS QU'IL RACCROCHE, ATTENTION ÇA VA ÊTRE LÀ...

OUAAAiiiis C'ÉTAIT FRED, JE SORS...
ET RE-LA GUEULE, ET QUI C'EST QUI PROFITE DE CETTE SUPER SALE HUMEUR ? C'EST BIBI.
POUR LES POTES LES GRANDS SOURIRES, JAMAIS POUR MOI... SI ! ...SAUF SI...

CHÉRIE D'AMOUR, TU AS REPASSÉ MA CHEMISE BLEUE ? TU SAIS, MA CHEMISE PRÉFÉRÉE, LÀ, TU SAIS OÙ ELLE EST ??
MON MEC DANS TOUTE SA SPLENDEUR.
FREDMAN & JIM

L'ATTENTIF

Déf : Adj. Qui prête, qui porte attention à quelqu'un : "Oh chérie, je ne vois que toi aujourd'hui"(exemple imaginaire).

Concept science-fictionnesque pour 100 % des mecs.

AH BON ? PREMIÈRE NOUVELLE, TA MÈRE EST LÀ CE SOIR ?
MAIS J'TE L'AI DIT MARDI ! BRAVO TU M'ÉCOUTES !
EUH SI SI MAIS...
EUH

ALORS, METTRE DES DRAPS NEUFS SUR LE LIT, OK... EUH Y SONT RANGÉS OÙ LES DRAPS NEUFS ??...
MAIS LÀ LÀ ! DANS LE DEUXIÈME TIROIR !! J'TE L'AI ENCORE REDIT HIER !
TU FAIS EXPRÈS, AVOUE !

AH ÇA VA TE FAIRE PLAISIR, T'AS VU Y A L'EXPO MATISSE QUI DÉMARRE À PARTIR DE...
DEMAIN JE SAIS, J'TE L'AI ENCORE DIT À MIDI !
AH ?

C'EST BON J'Y VAIS ! TU T'OCCUPES BIEN DE LA PETITE HEIN ! BYE !!
...TU SORS ? MAIS TU VAS OÙ ??
TU PLAISANTES OU QUOI ??
NAN NAN JE SAIS JE SAIS J'TE FAIS MARCHER ! AH AH !

CHATON ? TU SAIS PAS OÙ ELLE EST PARTIE MAMAN ? COMBIEN DE JOURS ? OÙ ? AVEC QUI ?? POURQUOI ???
AHEU ?
FREDMAN & JIM

LE KETCHUP-MAN

Déf : N. Piètre super-héros des temps modernes qui vole au secours des enfants en détresse (devant leurs assiettes).

Concept culinaire ultime pour 100 % des mecs gourmets.

...RIEN A FAIRE ISA!
LA PETITE VEUT RIEN AVALER, ELLE REJETTE LE BIBERON! AU S'COURS, J'M'EN SORS PAS !!
J'T'AVAIS DIT, L'ALLAITEMENT ÇA S'RAIT QUAND MÊME BEAUCOUP PLUS SIMPLE!
POUR TOI MON GRAND. POUR TOI.

BIN OUI MAIS REGARDE: "Y A BON LOLO, OH-MAIS-OUI-Y A-BON LOLO"... RIEN A FAIRE, HEIN !!...
FAIS UN EFFORT, TU VAS T'EN SORTIR, CHUIS SÛRE...
ALLEZ A LA TIENNE!
AH! LES MECS ET L'ALIMENTATION DES PETITS, UN VRAI SKETCH!
ET ENCORE! TOI T'ES A LA PÉRIODE BIBERON, TE PLAINS PAS! IL RESTE CANALISABLE, TON MEC! MOI LES PETITS ONT 7 ET 10 ANS, ET LÀ QUAND JEAN-CHARLES S'EN OCCUPE...
OUI? ON PARLE DE MOI LES FILLES?
... C'EST LE RÈGNE DE LA DÉMISSION LA PLUS LAMENTABLE, IL CÈDE À TOUS LEURS CAPRICES, C'EST UNE PURE LOPETTE: IL A ABDIQUÉ DEVANT LE DIEU KETCHUP!
RACONTE! RACONTE !!
AH OUI ON PARLE DE MOI... HUM... J'VAIS PLUTÔT CHERCHER DES ÉPICES EN CUISINE, MOI...
DÉJÀ, DÈS QU'IL RENTRE DES COURSES, C'EST N'IMPORTE QUOI!
T'AS PENSÉ AUX LÉGUMES VERTS?
AH EUH LÉGUMES VERTS EUUUH OUI...
EUH
LE KETCHUP C'EST D'LA TOMATE?
C'EST UN LÉGUME VERT LA TOMATE, HEIN?

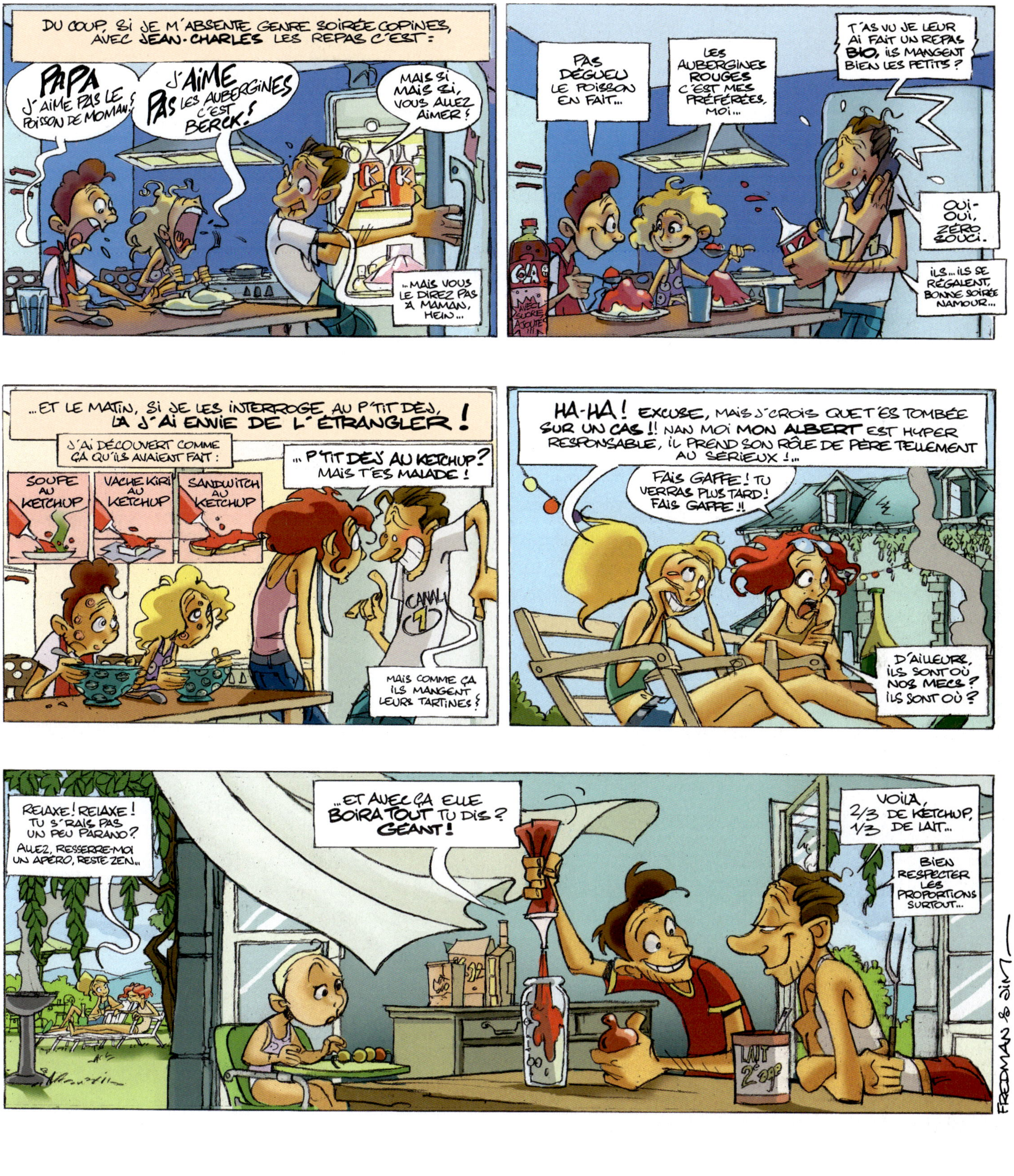
DU COUP, SI JE M'ABSENTE GENRE SOIRÉE COPINES, AVEC JEAN-CHARLES LES REPAS C'EST :
PAPA J'AIME PAS LE POISSON DE MOMAN !
J'AIME PAS LES AUBERGINES C'EST BERCK !
MAIS SI MAIS SI, VOUS ALLEZ AIMER !
...MAIS VOUS LE DIREZ PAS À MAMAN, HEIN...
PAS DÉGUEU LE POISSON EN FAIT...
LES AUBERGINES ROUGES C'EST MES PRÉFÉRÉES, MOI...
T'AS VU JE LEUR AI FAIT UN REPAS BIO, ILS MANGENT BIEN LES PETITS ?
OUI-OUI, ZÉRO SOUCI.
ILS... ILS SE RÉGALENT, BONNE SOIRÉE NAMOUR...
...ET LE MATIN, SI JE LES INTERROGE AU P'TIT DÉJ, LÀ J'AI ENVIE DE L'ÉTRANGLER !
J'AI DÉCOUVERT COMME ÇA QU'ILS AVAIENT FAIT :
SOUPE AU KETCHUP
VACHE KIRI AU KETCHUP
SANDWITCH AU KETCHUP
...P'TIT DÉJ AU KETCHUP ? MAIS T'ES MALADE !
MAIS COMME ÇA ILS MANGENT LEURS TARTINES !
HA-HA ! EXCUSE, MAIS J'CROIS QUE T'ES TOMBÉE SUR UN CAS !! NAN MOI MON ALBERT EST HYPER RESPONSABLE, IL PREND SON RÔLE DE PÈRE TELLEMENT AU SÉRIEUX !...
FAIS GAFFE ! TU VERRAS PLUS TARD ! FAIS GAFFE !!
D'AILLEURS, ILS SONT OÙ NOS MECS ? ILS SONT OÙ ?
RELAXE ! RELAXE ! TU S'RAIS PAS UN PEU PARANO ? ALLEZ, RESSERRE-MOI UN APÉRO, RESTE ZEN...
...ET AVEC ÇA ELLE BOIRA TOUT TU DIS ? GÉANT !
VOILÀ, 2/3 DE KETCHUP, 1/3 DE LAIT...
BIEN RESPECTER LES PROPORTIONS SURTOUT...
LAIT 2e âge
FREDMAN & JIM

LE FANTASMEUR

Déf : Adj. Sujet à des fantaisies imaginaires, généralement liées à l'abus de chaines cryptées.

Discipline pratiquée par 100 % des branleurs oisifs.

"CE SERAIT MIEUX COMME ÇA, AVEC DES MENOTTES ?" MAIS T'AS FONDU UN CABLE, TU VIRES S.M. ? MAIS TU RÊVES TA VIE, POV' OBSÉDÉ !
EUH FANTASME, TESTER, NON ?
NAN MAIS LAISSE TOMBER TU LE SENS PAS C'EST PAS GRAVE...
OUBLIE OUBLIE !

QUOI ?? TU L'AURAIS FAIT, TOI ??
BIN OUI T'AS PAS LE CHOIX : PIGE BIEN LE CONCEPT, LES MECS SONT DES P'TITS Z'ENFANTS QUI PENSENT QU'À JOUER AVEC LEURS ZIZIS*...
SI TU LEUR DONNES PAS CE QU'ILS VEULENT ILS TE TROMPENT, OU PIRE...
... ILS SE MASTURBENT DEUX FOIS PAR JOUR, À LEUR ÂGE UN RYTHME PAREIL C'EST PATHÉTIQUE.
MON ALBERT... DEUX FOIS PAR JOUR ?
VOUS AVEZ LE NET À LA MAISON ? L'ADSL ?
BIN OUI
DEUX FOIS PAR JOUR.
TU FAIS COMME TU VEUX, MOI QU'IL SE TRIPOTE SEUL DEVANT DES PÉTASSES VULGOS EN ADSL ÇA ME PLAIT PAS, ET TOI ?

CLIC
MAIS MAIS... QU'EST-CE QUE TU... ?
ISA ! PAS ICI ! MAIS ? MAIS ?
NAN NAN T'AVAIS RAISON...
C'EST MIEUX COMME ÇA.
Compta
?
FREDMAN & JIM

* AUTHENTIQUE.

LE GÉNÉREUX

Déf : Adj. Lat. generosus, qui donne largement, désintéressé : Pluie de cadeaux, voire grêle.

Délicates attentions appréciées par 500 % des femmes.

OH CHAIS PAS, UN BOUQUET HAUT COMME ÇA, POUR MA ST-VALENTIN ! ET UN P'TIT MOT DACTYLOGRAPHIÉ, "TON AMANT POUR LA VIE". CLASSE. J'ADORE !
OUAAAH T'AS D'LA CHANCE ! MOI MON MEC IL EST CONTRE LA ST-VALENTIN, IL DIT QUE C'EST TROP COMMERCIAL, QU'ÇA PUE !
DU COUP J'FAIS LA GUEULE, ON S'ENGUEULE...

... POUR MA FÊTE (C'ÉTAIT HIER) UN P'TIT BOUQUET ROND, TOUT FLEURI, TOUT PRINTANIER, DIVIN ! CHOISI AVEC GOÛT ! SU-PER-BE !
T'AS VRAIMENT DU BOL D'AVOIR UN MEC ROMANTIQUE !
MOI MON MEC IL DIT QUE C'EST HYPER CRUCHE D'FÊTER LES FÊTES...

ET À MON ANNIVERSAIRE, OUAAAH C'ÉTAIT TRENTE-DEUX ROSES ROUGES, MAIS ROUGES, J'TE JURE C'ÉTAIT CHAMBORD ! J'ÉTAIS HEUREUSE, HEUREUSE !
MON MEC IL OUBLIE TOUJOURS MES ANNIVERSAIRES, IL DIT QUE C'EST COMME NOËL, QU'IL Y PENSE JAMAIS... ÇA M'DÉPRIME !
AH J'TE JURE J'T'ENVIE ! J'T'ENVIE !

PLATS CHAUDS
... MOI LES FÊTES, LES ANNIVS, ÇA M'GAVE TROP J'Y ARRIVE PAS...
T'AS TORT, C'EST COMME LES IMPÔTS, LA TAXE FONCIÈRE ! LES TRUCS ADMINISTRATIFS 'FAUT ÊTRE EN RÈGLE, TU T'ACQUITTES ET T'ES PEINARD !
MOI J'AI D'MANDÉ À MA COMPTABLE DE GÉRER ÇA POUR MOI, COMME ÇA... JAMAIS UN RETARD !
...ET J'L'INVITE AU RESTO TOUS LES SIX MOIS POUR LA REMERCIER, CULBUTE ET HOP, TOUT LE MONDE IL EST CONTENT...
FREDMAN & JIM

LE PUR GOSSE

Déf : PUR : Adj. Non altéré.
GOSSE : N. fam. Mioche, môme, mouflet, lardon, boulet...

100 % d'incompréhension devant le mot "responsabili..." "responsablibli..." euh...

ATTENDS, NOUS ON ADORE ÇA S'OCCUPER D'UN ANNIV', ALBERT A TOUT ORGANISÉ, FILEZ EN PAIX LES FILLES, ON GÈRE ÇA !
BON SUPER, PASQUE NOUS...
... ÇA NOUS GONFLAIT !
JOYEUX ANNIVERSAIRE
BYE MES CHÉRIS !

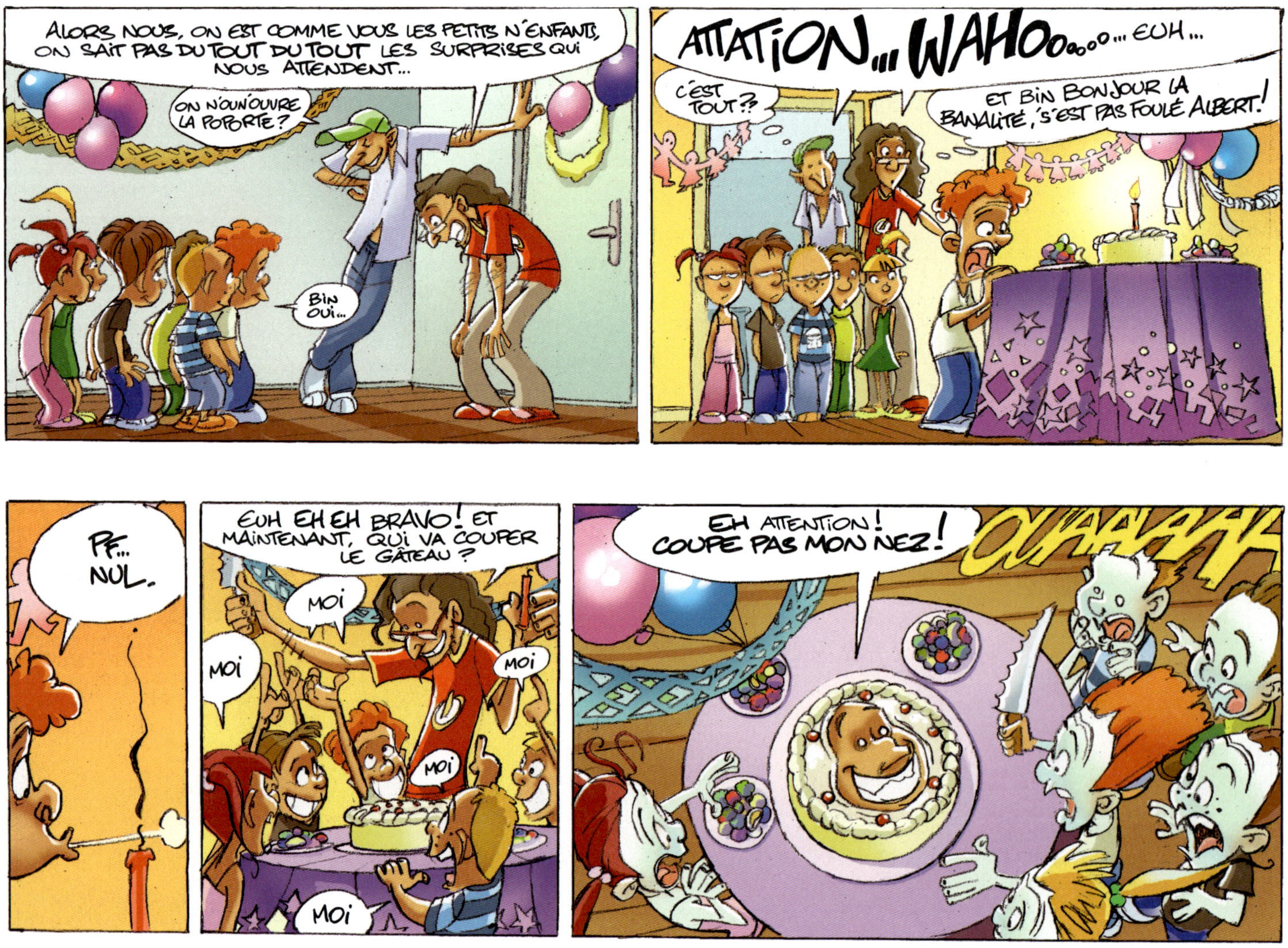
ALORS NOUS, ON EST COMME VOUS LES PETITS N'ENFANTS, ON SAIT PAS DU TOUT DU TOUT LES SURPRISES QUI NOUS ATTENDENT...
ON N'OUN'OUVRE LA POPORTE ?
BIN OUI...
ATTATION... WAHOooo... EUH...
C'EST TOUT ?!
ET BIN BONJOUR LA BANALITÉ, S'EST PAS FOULÉ ALBERT !
PF... NUL.
EUH EH EH BRAVO ! ET MAINTENANT, QUI VA COUPER LE GÂTEAU ?
MOI
MOI
MOI
MOI
MOI
EH ATTENTION ! COUPE PAS MON NEZ !
OUAAAAH

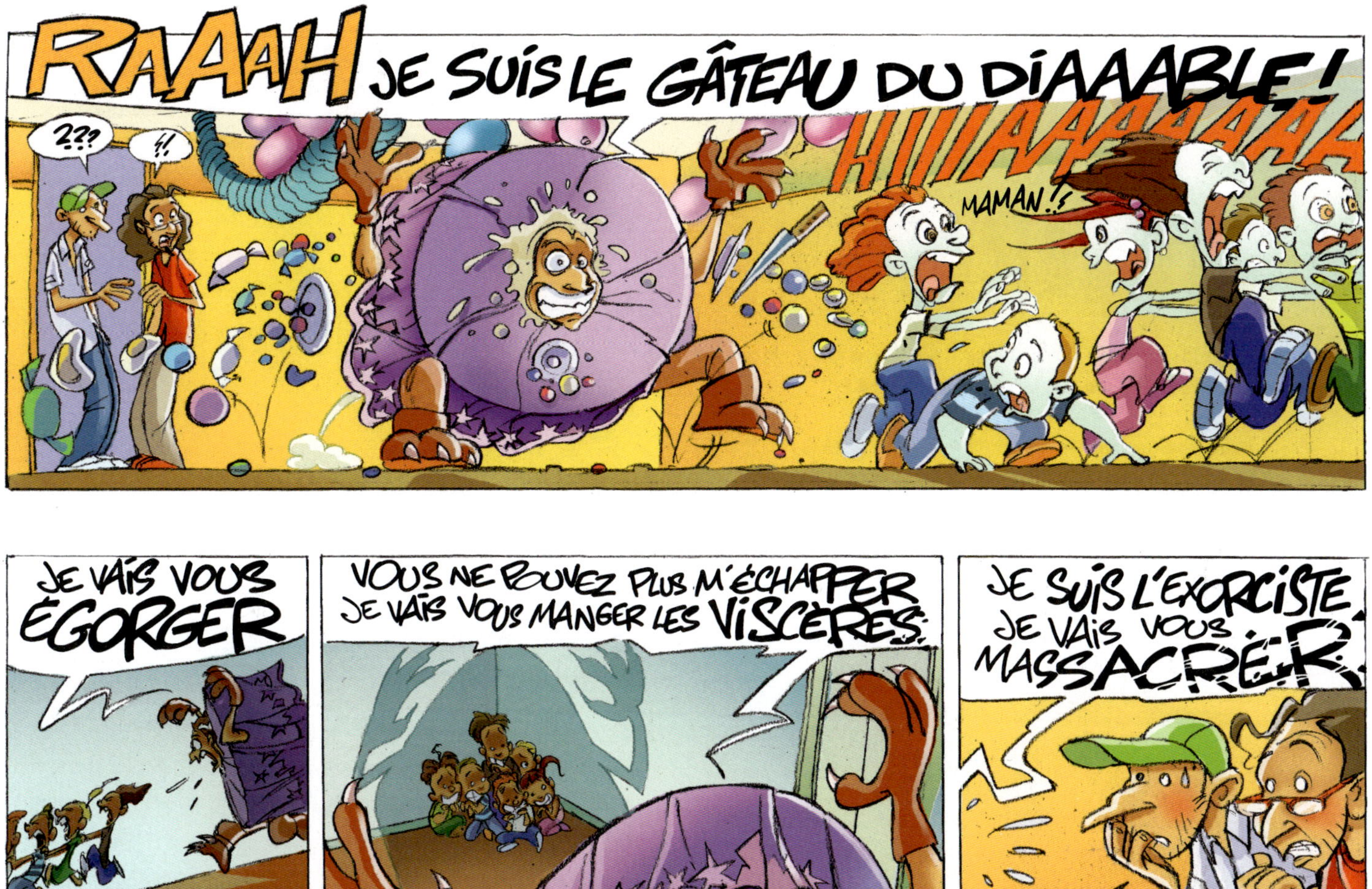
RAAAH JE SUIS LE GÂTEAU DU DIAAABLE !
???
!!
HIIIAAAAAAAAH
MAMAN !!
JE VAIS VOUS ÉGORGER
PITIÉ LE MONSTRE !! J'FAIS PIPI SUR MOI !!
VOUS NE POUVEZ PLUS M'ÉCHAPPER JE VAIS VOUS MANGER LES VISCÈRES
JE SUIS L'EXORCISTE. JE VAIS VOUS MASSACRER
IL EST MALADE !
IL EST COMPLÈTEMENT GIVRÉ !!
OOUIIIIIIIIIN
ÇA S'EST BIEN PASSÉ ?
BIIIIN...
ILS ONT 5 ANS, ALBERT !! BON, RÉCAPITULONS : MASSACRE À LA TRONÇONNEUSE, C'EST POUR LES... ?
NON 18 !
2 ANS ?
5 ANS, PO-KÉ-MON, RÉPÈTE APRÈS MOI, PO-KÉ-MON
FREDMAN & JIM

LE BRICOLO

Déf : **N. Fam. Qui répare, aménage, hante Leroy-Merlin le samedi en survêt.**

Religion courante pour 50 % des mecs, et reniée par 50 % de non-pratiquants.

C'EST VRAI ? POUR MOI ? POUR MON ANNIV' ??
BIN OUI, T'ES BÊTE, VAS-Y OUVRE !
C'EST QUOI C'EST QUOI ? WAH UNE CHAISE LONGUE ? EN TEK ?
IKEA

SUPER ! CLASSE !! AH C'EST EN KIT T'AS VU ? TU... TU SAURAS MONTER ÇA, TOI ?
IKEA KIT
AH-AH, SI JE SAURAI MONTER ÇA, QU'ELLE ME DIT !!
TU PLAISANTES, DEUX TROIS TRUCS À ASSEMBLER, C'EST DU LEGO POUR MOI ÇA ! ÇA TE PLAÎT HEIN ?!
MERCI MON COEUR, J'ADORE !!
TU ME LE MONTES DEMAIN, HEIN, TU PROMETS ?
J'PROMETS ! TIENS R'GARDE, J'LE POSE JUSTE LÀ DANS LA CHAMBRE...
... POUR ÊTRE SÛR DE PAS OUBLIER.
CADRE
IKEA KIT ARMOIRE
DOUCHE BALNÉO
KIT DE MONTAGE POUR KIT
VENTILATEUR PLAFOND
LAVABO
LA VIE EN TECK
LITERIE - KIT
KIT TABLE DE CHEVET
IKEA TABLE DE NUIT
IKEA KIT
KIT PISCINE
FREDMAN & JIM

LE COLLECTIONNEUR

Déf : N. Hétéro qui se plaît à collectionner d'hétéroclites aventures féminines.

100 % de plaisir chez les hétéroclidiennes épanouies.

DEUX HEURES DU MAT'... BON ALORS, MON JULES EST LÀ-HAUT, IL ROUPILLE... SES PARENTS SONT PAS LÀ... PIQUÉ L'ALBUM PHOTOS DE FAMILLE, J'VAIS M'ÉCLATER MOI !!
'Y A TOUTES SES EX LÀ-DEDANS !!

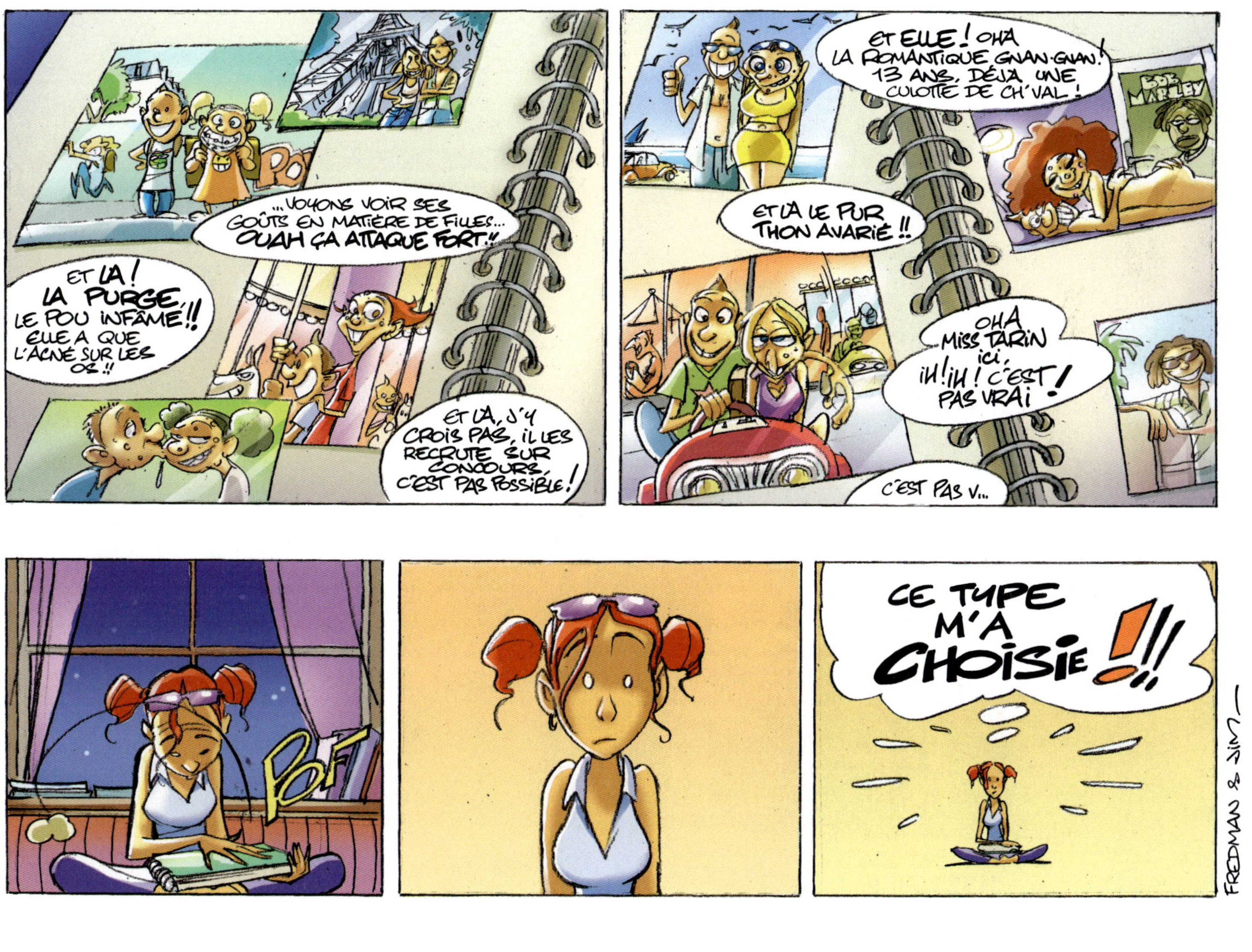

...VOYONS VOIR SES GOÛTS EN MATIÈRE DE FILLES... OUAH ÇA ATTAQUE FORT !!
ET LÀ ! LA PURGE LE POU INFÂME !! ELLE A QUE L'ACNÉ SUR LES OS !!
ET LÀ, J'Y CROIS PAS, IL LES RECRUTE SUR CONCOURS, C'EST PAS POSSIBLE !
ET ELLE ! OHA LA ROMANTIQUE GNAN-GNAN ! 13 ANS, DÉJÀ UNE CULOTTE DE CH'VAL !
BOB MARLEY
ET LÀ LE PUR THON AVARIÉ !!
OHA MISS TARIN ICI. IH ! IH ! C'EST PAS VRAI !
C'EST PAS V...
POF
CE TYPE M'A CHOISIE !!!
FREDMAN & JIM

LES ALAMBIQUÉS

Déf : Adj. Raffinés du raisonnement jusqu'à en être obscurs. Louvoyants. Tordus.

Sport de survie
pour 100 % des p'tits biquets en situation de stress.

'Y A DES DISCUSSIONS, ON DEVRAIT PAS LES AVOIR.
...TU SAIS MA COLLÈGUE LAETITIA, SON MEC L'A PLAQUÉE!! T'IMAGINES LE SALAUD, POUR UNE PLUS BELLE, UNE PLUS JEUNE, UNE PLUS RIGOLOTTE, UNE PLUS TOUT QUOI !!
OH ?
UN VRAI CON J'TE JURE!

NOTE, QUITTE À TROMPER, CE QUI SERAIT VRAIMENT CON C'EST DE TABLER SUR DE LA PLUS VIEILLE, DE LA PLUS MOCHE ET DE LA PLUS TRISTE NON ?
MAIS ELLE AVAIT CONFIANCE EN LUI! SUPER CONFIANCE!
NON MERCI, ON EST VENUS DÎNER CE SOIR, PAS JARDINER.
ELLE M'DIT QUE LES MECS, 'FAUT PAS LEUR FAIRE CONFIANCE, RIEN !
ELLE M'DIT QU'AVEC SON MEC C'ÉTAIT PAS PAREIL PAREIL!
NAN MAIS NOUS C'EST PAS PAREIL!

NOUS, LA DIFFÉRENCE VITALE C'EST QU'ON SE DIT TOUT. TOUT.
MAIS LAETITIA ET SON MEC C'ÉTAIT PAREIL! ILS SE DISAIENT TOUT, ELLE VOULAIT TOUT SAVOIR, ET CE SALAUD DE JULIEN TU SAIS CE QU'IL A FAIT?
IL LUI A TOUT DIT! TOUT!!
AH L'ENFOIRÉ.
AH NON MOI ÇA M'F'RAIT TROP MAL, SI TU DEVAIS ME TROMPER J'AIMERAIS ENCORE MIEUX RIEN SAVOIR !!
D'ACCORD.
QUOI D'ACCORD?

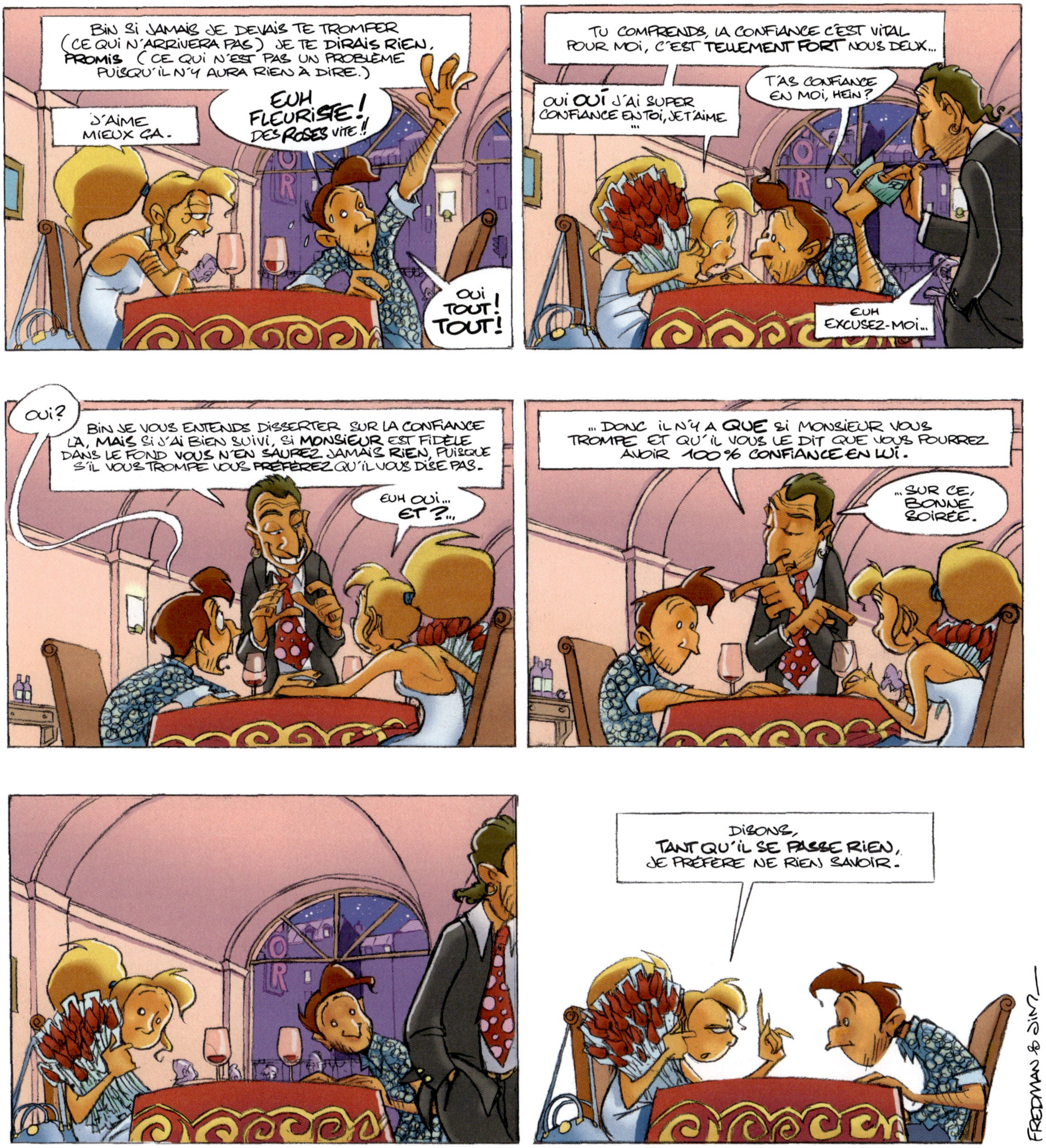
BIN SI JAMAIS JE DEVAIS TE TROMPER (CE QUI N'ARRIVERA PAS) JE TE DIRAIS RIEN, PROMIS (CE QUI N'EST PAS UN PROBLÈME PUISQU'IL N'Y AURA RIEN À DIRE.)
J'AIME MIEUX ÇA.
EUH FLEURISTE! DES ROSES VITE!!
OUI TOUT! TOUT!
TU COMPRENDS, LA CONFIANCE C'EST VITAL POUR MOI, C'EST TELLEMENT FORT NOUS DEUX...
OUI OUI J'AI SUPER CONFIANCE EN TOI, JE T'AIME ...
T'AS CONFIANCE EN MOI, HEIN?
EUH EXCUSEZ-MOI...
OUI?
BIN JE VOUS ENTENDS DISSERTER SUR LA CONFIANCE LÀ, MAIS SI J'AI BIEN SUIVI, SI MONSIEUR EST FIDÈLE DANS LE FOND VOUS N'EN SAUREZ JAMAIS RIEN, PUISQUE S'IL VOUS TROMPE VOUS PRÉFÉREZ QU'IL VOUS DISE PAS.
EUH OUI... ET?...
... DONC IL N'Y A QUE SI MONSIEUR VOUS TROMPE ET QU'IL VOUS LE DIT QUE VOUS POURREZ AVOIR 100% CONFIANCE EN LUI.
... SUR CE, BONNE SOIRÉE.
DISONS, TANT QU'IL SE PASSE RIEN, JE PRÉFÈRE NE RIEN SAVOIR.
FREDMAN & JIM

LE RESPONSABLE

Déf : N. et Adj. Qui assure, répond de ses actes et de ceux dont il a la charge avec assurance.

0 % de crédit pour les "adulescents" et les p'tits "n'enfultes" interrogés.

AAAAAH ON DIRA C'QU'ON VOUDRA MAIS... ÊTRE CÉLIBATAIRE JUSTE QUELQUES JOURS, RAAAH COMMENT QU'ÇA FAIT TROP DU BIEN !...
CINQ DVD ENFILÉS DANS L'APRÈS-MIDI... LE BIG PANARD !

DEUX HEURES DU MAT, BON QU'EST-CE QUE JE ME MATE, MOI ? REDIF SOCHEAUX-MARSEILLE ? AH-AH, BIG, BIG, BIG PANARD !
AAH ACCEPTER DE VIVRE À SON RYTHME, C'EST ÇA LA VRAIE GRANDE RESPONSABILITÉ DE NOS JOURS ! ET LUCIE QUI CROYAIT QUE JE M'EN SORTIRAIS P...
OH PUTAIN L'ÉCOLE ALLER CHERCHER LES ENFANTS !

VOUS AVEZ PAS VU DEUX ENFANTS ? EUUUH LEUR ÂGE... ? ENTRE DEUX ET EUH DIX ANS, CHAIS PAS MOI... AU CP J'CROIS... DEUX ENFANTS, TRÈS MIMIS... EN BLEU MARINE... NON ?
VOUS AVEZ ESSAYÉ AUX OBJETS TROUVÉS ?
FRAGILE
FREDMAN & JIM

LE BEDONNANT

Déf : Adj. Qui bedonne du bide, qui plisse de l'estomac. Qui se Casimirise de la silhouette.

Incompatibilité et rejet immédiat pour 200 % des femmes interrogées.

HOLÀ MAIS RENTRE TON VENTRE, ON EST SUR LA PLAGE LÀ, AVEC MES COPINES ! TU ME FAIS HONTE !
BIN QUOI ?
BIN QUOI ? T'AS VU TON BIDE ? T'ES IMMONDE !
RENTRE TON VENTRE J'TE DIS, RESTE PAS PLANTÉ LÀ ELLES TE REGARDENT CHUIS SÛRE, COMME ÇA T'INSPIRE ET... OUMPF !
OH EH TU M'SOÛLES, CHUIS COMME JE SUIS, J'ME BARRE SI J'TE FAIS HONTE !
...MAIS ELLES REGARDENT CHUIS SÛRE, DÉCONNE PAS !
FAIS UN EFFORT, REGARDE COMME MOI, COMME ÇA ALBERT !!
C'EST VRAI QUOI, NON MAIS OH...
... À LA LONGUE ...
PCHIOUUUUU
J'TIENS PLUS, MOI -
FREDMAN & JIM

LE SUR-MOTIVÉ

Déf : Adj. Stimulé à l'excès. Débordant de Pep's et boosté à la coke. Grosse patate.

0,000 % de décontraction relevée dans les urines face à l'épreuve du remplissage de coffre arrière.

MOTIVÉ ALBERT ?
OUAIS OUAIS CHUIS À FOND LÀ !!
PASSÉ UNE BONNE NUIT, BIEN RELAXÉ... ALLEZ C'EST PARTI !

ALORS VOILÀ, TU VOIS CES BAGAGES LÀ ! LÀ ! ET LÀ ! LE BUT EST DE RÉALISER - SOUS CONTRÔLE D'HUISSIER - UN EXPLOIT ENCORE INIMAGINABLE : RANGER SANS RÂLER TOUS CES ÉLÉMENTS DANS LE COFFRE DU VÉHICULE ICI PRÉSENT, AFIN DE PARTIR EN VACANCES.
CHUIS CHAUD CHUIS CHAUD !
J'PROMETS RIEN MAIS CHUIS CHAUD !!!

ATTENTION, JE PRÉCISE QUE CE N'EST PAS UN TEST DE RAPIDITÉ - ON A LE TEMPS, LE CAMPING EST OUVERT JUSQU'À PAS D'HEURE - MAIS UN TEST DE SELF-CONTRÔLE ET DE MAÎTRISE DE TES ÉMOTIONS.
ATTENTION RESPIRE BIEN FORT... ALLEZ GO !
CLIC

BON ALORS CES P'TITS SACS ICI ET LÀ... VOILÀAAA...
LE GROS BAGAGE À GAUCHE...
ÇA ICI...
JUSQU'ICI TOUT VA BIEN...
BON, SIX PAIRES DE POMPES POUR TOI JE DIS RIEN, JE RESTE CALME...
J'LE SENS, J'LE SENS !

ÇA ICI... ÇA LÀ... ET CELUI-LÀ PILE ICI... JE BRONCHE PAS DEVANT LES TROIS TROUSSES DE TOILETTE, JE SENS BIEN LE PIÈGE LÀ... RESPIRER PAR LE NEZ...
IL S'EN SORT PAS SI MAL, J'EN AI VU DES PLUS NERVEUX...
IL PREND BEAUCOUP SUR LUI.
40 MN APRÈS.
...ET VOILÀ TOUT Y EST. AH AH, PAS UN MOT PLUS HAUT QUE L'AUTRE, RIEN !
PAPA PAPA 'FAUT MA BOUÉE AUSSI !
ET MES PALMES, ET...
HEIN QUOI ?
NAAAAN ZEN ! MAIS PAS DE PROBLÈME MINOUCHE, REGARDE TA BOUÉE-BOUÉE ELLE SE DÉGONFLE !
ET TES PALMES, MAMAN LES METTRA SUR SES GENOUX, PASQU'À L'ARRIÈRE C'EST TOUT PLEIN-PLEIN !
SUPER P'PA !
AH AH JE SUIS ZEN.
ZEN.
TROP FORT P'PA !
AH AH, BIEN TENTÉ LE COUP DE L'EXCÉDENT, MAIS IL FAIT BEAU, VACANCES, DÉCONTRACTION... BON BIN TOUT LE MONDE EST PRÊT ?
ALLEZ EN VOITURE ! AH AH J'AI GAGNÉ HAUT LA MAIN HEIN !!
PARFAIT.
MAMAN ON Y VA ! EN VOITURE !
HEIN ? QUOI QUOI MAMAN ?
TU LUI AVAIS PAS DIT QUE JE VENAIS ?
...DE CES PETITES SURPRISES QUI PIMENTENT LE COUPLE...
CLIC
C'EST LE COEUR. IL N'A PAS TENU.
CUI CUI
CUI CUI
CRII CRIII
NOTEZ UN COUP PAREIL ÇA DEVRAIT PAS ÊTRE TOLÉRÉ, PERSONNELLEMENT MOI-MÊME J'AI DES PALPITATIONS LÀ...
FREDMAN & JIM
À BELLE-MAMAN, POUR NOËL 2004.

LE TÊTU

Déf : Adj. Insensible aux arguments extérieurs. Obstiné. Tête de cochonou.

Courge attitude pour 100 % des têtus étudiés de près.

NAN J'VOUS DIS !!
... J'ALLUMERAI LE BARBECUE, ON EST EN AOÛT ET EN AOÛT C'EST BARBECUE !!
CHARBON
FREDMAN & JIM

LE CHAMPION

Déf : N. Qui excelle, que l'on peut admirer. Loser de la défaite.

200 % de concentré de mauvaise foi chez tous les gros joueurs mâles interrogés.

ALLEZ ON JOUE, ALLEZ-ALLEZ ALBERT, TU ES PRÊT ? C'EST QUAND LE JOUR OÙ VOUS DEVEZ SORTIR LES POUBELLES ?
AH BON Y A UN JOUR SPÉCIAL ?
EUH
QUAND ELLES SONT PLEINES ?
QUIZZ GAME

QUEL EST LE JOUR ANNIVERSAIRE OÙ TU AS EMBRASSÉ ISA POUR LA PREMIÈRE FOIS ?
HOULAAA ÇA LES DATES C'EST DUR...
EUH
1515 EN TOUT CAS C'EST MARIGNAN
EUH JE PASSE
OÙ SONT LES ENFANTS LE MERCREDI DE 14 H À 16 H ?
...BIN À L'ÉCOLE !
AH AH FACILE ÇA !
C'EST PAS ÇA ?
À LA CANTINE ??
QUIZZ GAME
ATTENTION, PLUS DIFFICILE : OÙ SONT RANGÉES LES POCHES ASPIRATEUR ?
LES POCHES ASPIRATEURS ? AH AH, C'EST QUOI C'TE BLAGUE ??
UN ASPIRATEUR AVEC DES POCHES MAINTENANT ??
POUR RANGER SES CLÉS ? JE RÊVE !!
QUELLE PROFESSION EXERCE CLARA MORGANE ET OÙ PEUT-ON LA VOIR ?
FACILE, CLARA MORGANE, PORNO STAR NÉE LE 25 01 81, MENSURATIONS 85 B-58-89, POIDS 54 KG, À TOURNÉ DANS PROJET X, DANS "FAITES L'AMOUR AVEC CLARA" DE FRED COPULA, ELLE PRÉSENTE ÉGALEMENT LE JO...
TUT
QUIZZ GAME
DÉGOUTÉÉÉÉe...
'VAIS ME COUCHER MOI...
BIN QUOI ?? J'AI TOUT JUSTE LÀ !!
ISA REVIENS, ON GAGNE LÀ ! ON GAGNE !
BÊ ??
FREDMAN & SIM

L'INNOCENT

Déf : N. et Adj. Non coupable. Juvénilement pur. Immaculé.

Qualité touchante pour 100 % des femmes attendries.

poaime
lé mille cado de maman
mamanjolie cé ton aniversèr
cé chouèt car osourdui cé la fèt !
le cénik
cé moi

tous lé jan que tu ème seuron la
sof mami é granpapa
lé tonton é lé couzin seron isi
lili é amandine, é silvi
é toute té grandes zamies
papy
mami
lili
amandine

il y ora ausi papa,
é peutaitreu ausi la dame
brunne ki jou a cachecacheu
avec papa la premidi,
Ki ri, Ki cri, é qui é tré joli.
?!

ÇA TE PLAÎT MON POÈME ? JOYEUX ANNIVERSAIRE MAM...
Frédeumane é Jime –

LE NOUVEAU

Déf : Adj. Qui est connu depuis peu. Inédit. Tout-nouveau-tout-beau (tout-vieux-tout-pouilleux ?).

Période d'armistice et entente idylique pour 100 % des nouveaux couples. Puis, hélas...

TON NOUVEAU MEC AU FAIT... RACONTE ! LES SIX PREMIERS MOIS C'EST SI GÉANT !! C'EST TOUJOURS LA PHASE MIGNONNETTE OÙ VOUS METTEZ DES HEURES À RACCROCHER AU TÉL, "RACCROCHE TOI, NON TOI..."
AH NON, ON EST À LA PHASE EMMÉNAGEMENT ENSEMBLE QUAND MÊME !

C'EST LA PHASE OÙ IL FAIT ENCORE SEMBLANT D'AIMER LES PRÉLIMINAIRES OU C'EST DÉJÀ FINI ÇA ?
FINI ! ON VIENT D'ENTRER DANS LA PHASE OÙ IL ME SUPPLIE POUR L'ÉPILATION TOTALE DU MAILLOT, ÇA L'EXCITE.
DINGUE, CETTE PHASE LÀ ON DOIT TOUTES Y PASSER !
...T'ES PAS DANS LA PHASE OÙ IL GARDE SES CHAUSSETTES POUR DORMIR QUAND MÊME ?
SI, IL A BRÛLÉ DES ÉTAPES SUR CE COUP-LÀ... PAREIL POUR LA PHASE OUVERTURE DE PORTIÈRE ET P'TIT BOUQUET DE FLEUR SURPRISE, ÇA IL A ÉTÉ TRÈS VITE PLUS EN PHASE.
AÏE. T'ES EN PHASE IL SE SENT SUR DES RAILS, IL VEUT PLUS SORTIR, FAIT PLUS D'EFFORT ET ROULEZ JEUNESSE...?
BIN OUI... LES SIX PREMIERS MOIS SONT GÉNIAUX COMME TU DIS, ET APRÈS... C'EST CETTE LONGUE PHASE QUI INÉVITABLEMENT NOUS DÉPHASE...
...ET TOI TA NOUVELLE NANA AU FAIT ?? RACONTE !
ÇA VA ÇA BAIGNE, ON EST ENFIN CALÉS, LÀ... MAIS LES SIX PREMIERS MOIS ONT ÉTÉ DURS, DURS...
PMU
FREDMAN & JIM

LE CARRIÉRISTE

Déf : **N. Qui a de l'ambition personnelle, veut grimper les z'échelons hiérarchiques.**

Pénibilité maximale pour 100 % des concubines de carriéristes.

BIP! AH C'EST LE RÉPONDEUR! CHÉRIE D'AMOUR, J'ESPÈRE QUE T'ES PAS ENCORE PARTIE AUX COURSES, DIS J'AI INVITÉ MON BOSS À DÎNER CE SOIR, 'Y AURA DEUX COLLÈGUES À LUI...
TU PEUX PRÉPARER UN SUPER-REPAS GENRE TES GAMBAS FLAMBÉES, C'EST VITAL POUR MOI, J'TE REVAUDRAI ÇA, PROMIS !!
JE REVIENS DES COURSES BANANE !!
LEADER

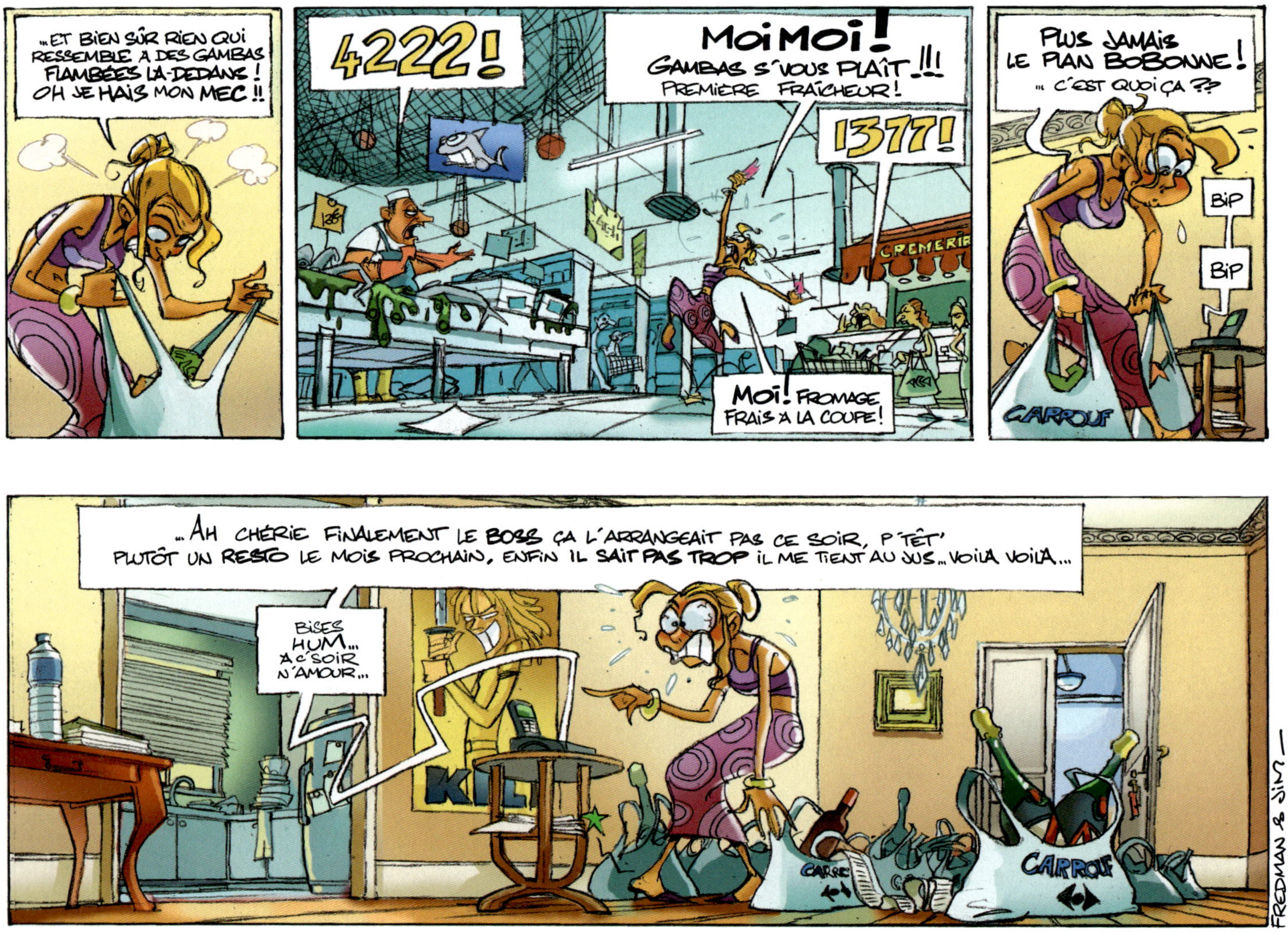
...ET BIEN SÛR RIEN QUI RESSEMBLE À DES GAMBAS FLAMBÉES LÀ-DEDANS ! OH JE HAIS MON MEC !!
4222!
MOI MOI! GAMBAS S'VOUS PLAÎT !!! PREMIÈRE FRAÎCHEUR!
1377!
CREMERIE
MOI! FROMAGE FRAIS À LA COUPE!
PLUS JAMAIS LE PLAN BOBONNE! ... C'EST QUOI ÇA ??
BIP
BIP
CARROUF
...AH CHÉRIE FINALEMENT LE BOSS ÇA L'ARRANGEAIT PAS CE SOIR, P'TÊT' PLUTÔT UN RESTO LE MOIS PROCHAIN, ENFIN IL SAIT PAS TROP IL ME TIENT AU JUS... VOILÀ VOILÀ...
BISES HUM... À C'SOIR N'AMOUR...
KILL
CARROUF
FREDMAN & JIM

LE FAUVE

Déf : N. Mammifère diurne à l'état naturel, grand félin du célibat. Animal de compagnie : bière.

Olfactivement repérables à 100 % grâce à leur forte odeur fauve puissante et sauvage.

... SÉPARÉ DE MA NANA DEPUIS HIER... J'AI PLUS QUE LA TÉLÉCOMMANDE À TRIPOTER, PFF... PÔVR' DE MOI...
BON, Y A QUOI D'EXCITANT À MATER À LA TIVI ?

... OBSERVONS ICI LE LÉOPARD DES CAVERNES EN PATAGONIE ORIENTALE, APRÈS DIX ANS DE CAPTIVITÉ...
PASSIONNANT...
... ICI RÉIMPLANTÉ EN SON MILIEU D'ORIGINE, LE GRAND FAUVE RETROUVE SA TANIÈRE. LÀ, CE GRAND FÉLIN ROYAL...
... METTRA PAS MOINS DE DEUX LONGUES ANNÉES POUR RETROUVER SON INSTINCT SAUVAGE ET TOUTES SES HABITUDES ANCESTRALES...

MARRANT...
MOI IL M'A FALLU À PEINE UNE SOIRÉE !...
FREDMAN & JIM (IDÉE FREDMAN)
À SEB...

LES PURS MECS

Déf : Adj. et N. Essence même de l'individu mâle tel qu'il est recherché par son prédateur naturel (c'est-à-dire la femme célibataire).

0 % de découverte récente, les fouilles se poursuivent...

'Y A PUS D'MEC.
ARRÊTE DE RÊVER 'Y EN A PLUS.
PLUS RIEN.

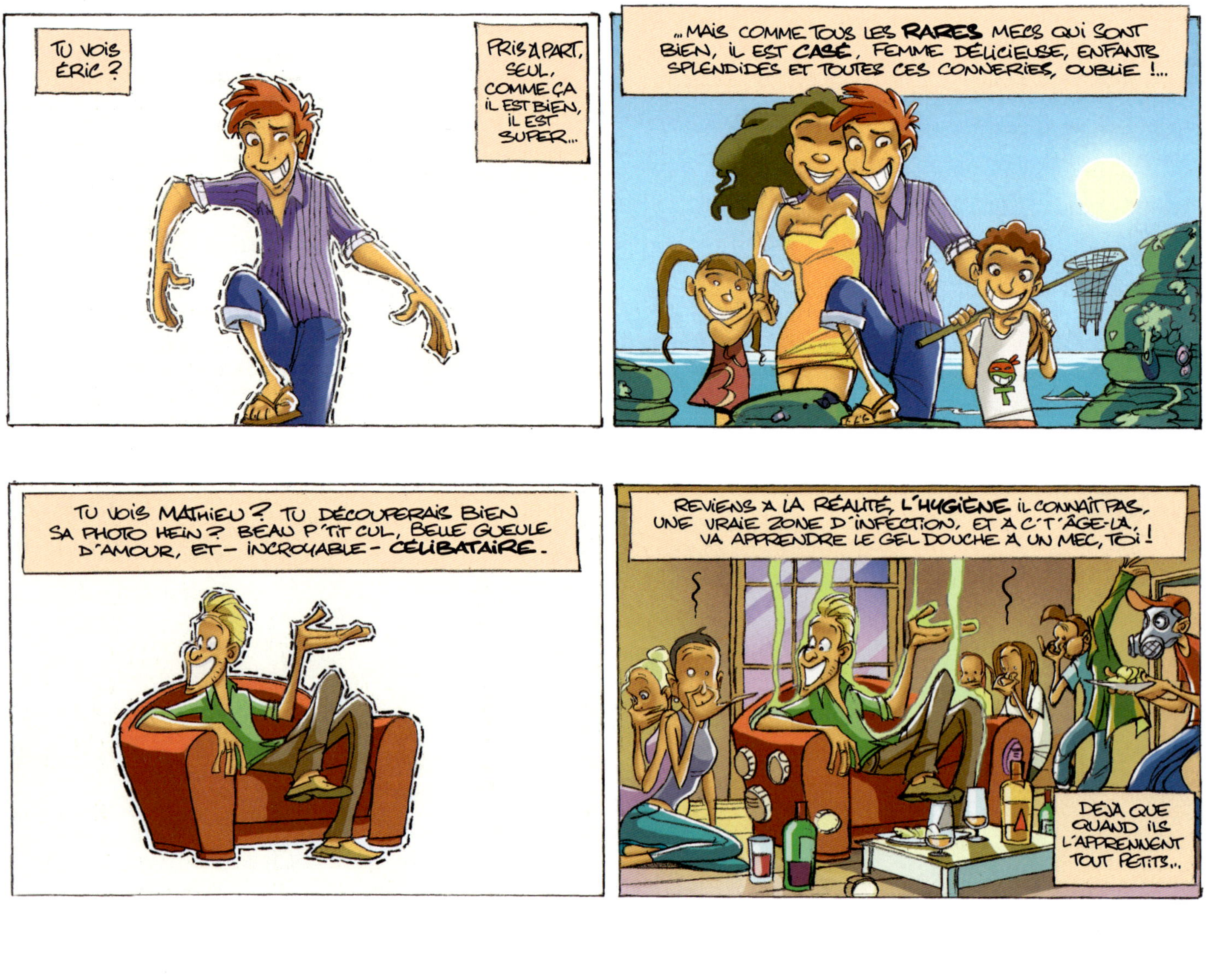
TU VOIS ÉRIC ?
PRIS À PART, SEUL, COMME ÇA IL EST BIEN, IL EST SUPER...
... MAIS COMME TOUS LES RARES MECS QUI SONT BIEN, IL EST CASÉ, FEMME DÉLICIEUSE, ENFANTS SPLENDIDES ET TOUTES CES CONNERIES, OUBLIE !...
TU VOIS MATHIEU ? TU DÉCOUPERAIS BIEN SA PHOTO HEIN ? BEAU P'TIT CUL, BELLE GUEULE D'AMOUR, ET - INCROYABLE - CÉLIBATAIRE.
REVIENS À LA RÉALITÉ, L'HYGIÈNE IL CONNAÎT PAS, UNE VRAIE ZONE D'INFECTION, ET À C'T'ÂGE-LÀ, VA APPRENDRE LE GEL DOUCHE À UN MEC, TOI !
DÉJÀ QUE QUAND ILS L'APPRENNENT TOUT PETITS...

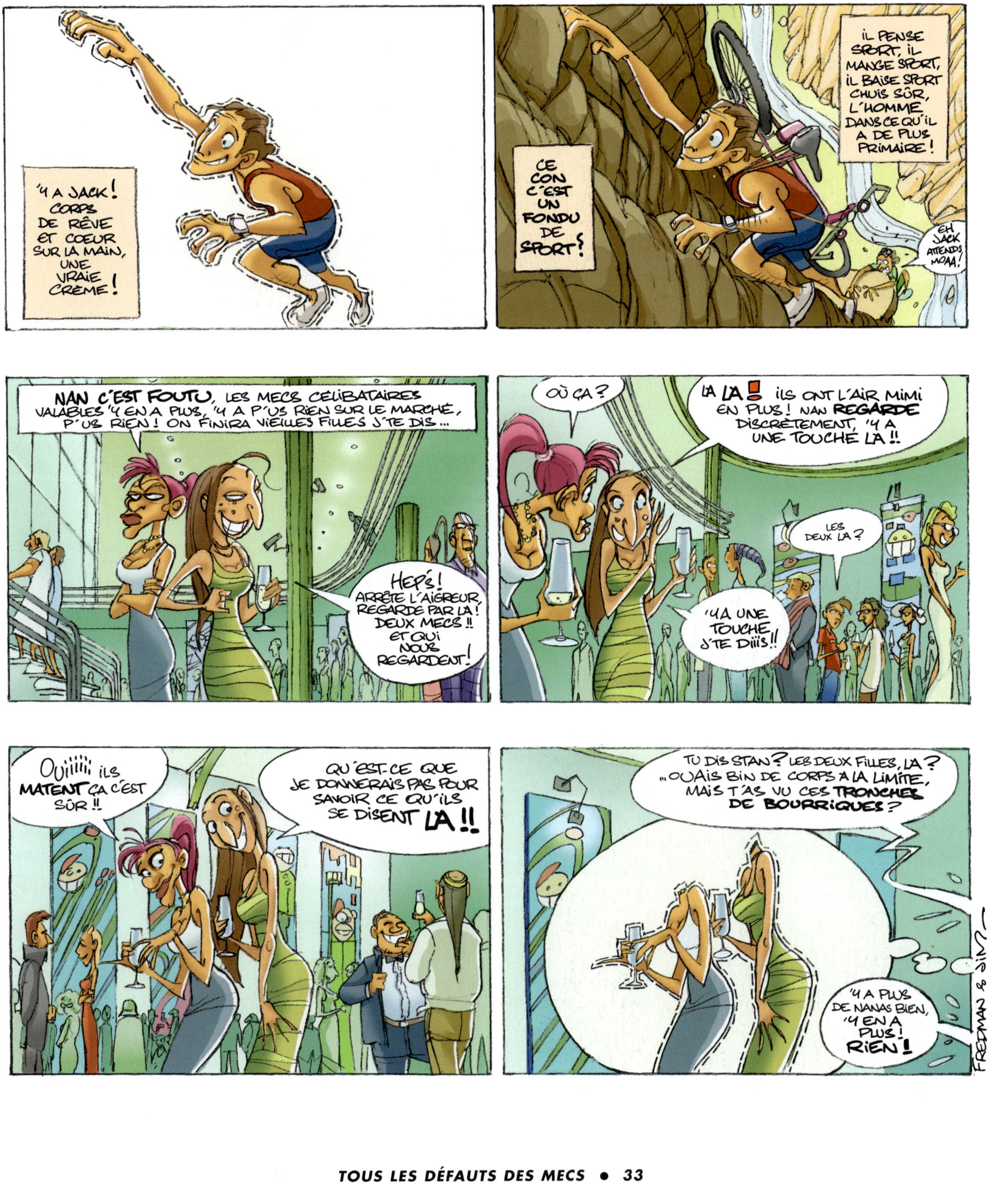
'Y A JACK ! CORPS DE RÊVE ET COEUR SUR LA MAIN, UNE VRAIE CRÈME !
CE CON C'EST UN FONDU DE SPORT ?
IL PENSE SPORT, IL MANGE SPORT, IL BAISE SPORT CHUIS SÛR, L'HOMME DANS CE QU'IL A DE PLUS PRIMAIRE !
EH JACK ATTENDS MOAA !
NAN C'EST FOUTU, LES MECS CÉLIBATAIRES VALABLES 'Y EN A PLUS, 'Y A P'US RIEN SUR LE MARCHÉ, P'US RIEN ! ON FINIRA VIEILLES FILLES J'TE DIS...
HEP ! ARRÊTE L'AIGREUR, REGARDE PAR LÀ ! DEUX MECS !! ET QUI NOUS REGARDENT !
OÙ ÇA ?
LÀ LÀ ! ILS ONT L'AIR MIMI EN PLUS ! NAN REGARDE DISCRÈTEMENT, 'Y A UNE TOUCHE LÀ !!
LES DEUX LÀ ?
'Y A UNE TOUCHE, J'TE DIIIS !!
OUIIIII ILS MATENT ÇA C'EST SÛR !!
QU'EST-CE QUE JE DONNERAIS PAS POUR SAVOIR CE QU'ILS SE DISENT LÀ !!
TU DIS STAN ? LES DEUX FILLES, LÀ ? ...OUAIS BIN DE CORPS À LA LIMITE, MAIS T'AS VU CES TRONCHES DE BOURRIQUES ?
'Y A PLUS DE NANAS BIEN, 'Y EN A PLUS ! RIEN !
FREDMAN & JIM

LE FÛTÉ

Déf : Adj. Intelligent et malicieux (déf. du petit Larousse).

100 % des femmes réfutent le terme intelligent de la définition ci-dessus (et boycotteront désormais le petit Larousse).

PFF... CORVÉE DE MÉNAGE À L'APPART...
CADO! À TOI DE JOUER

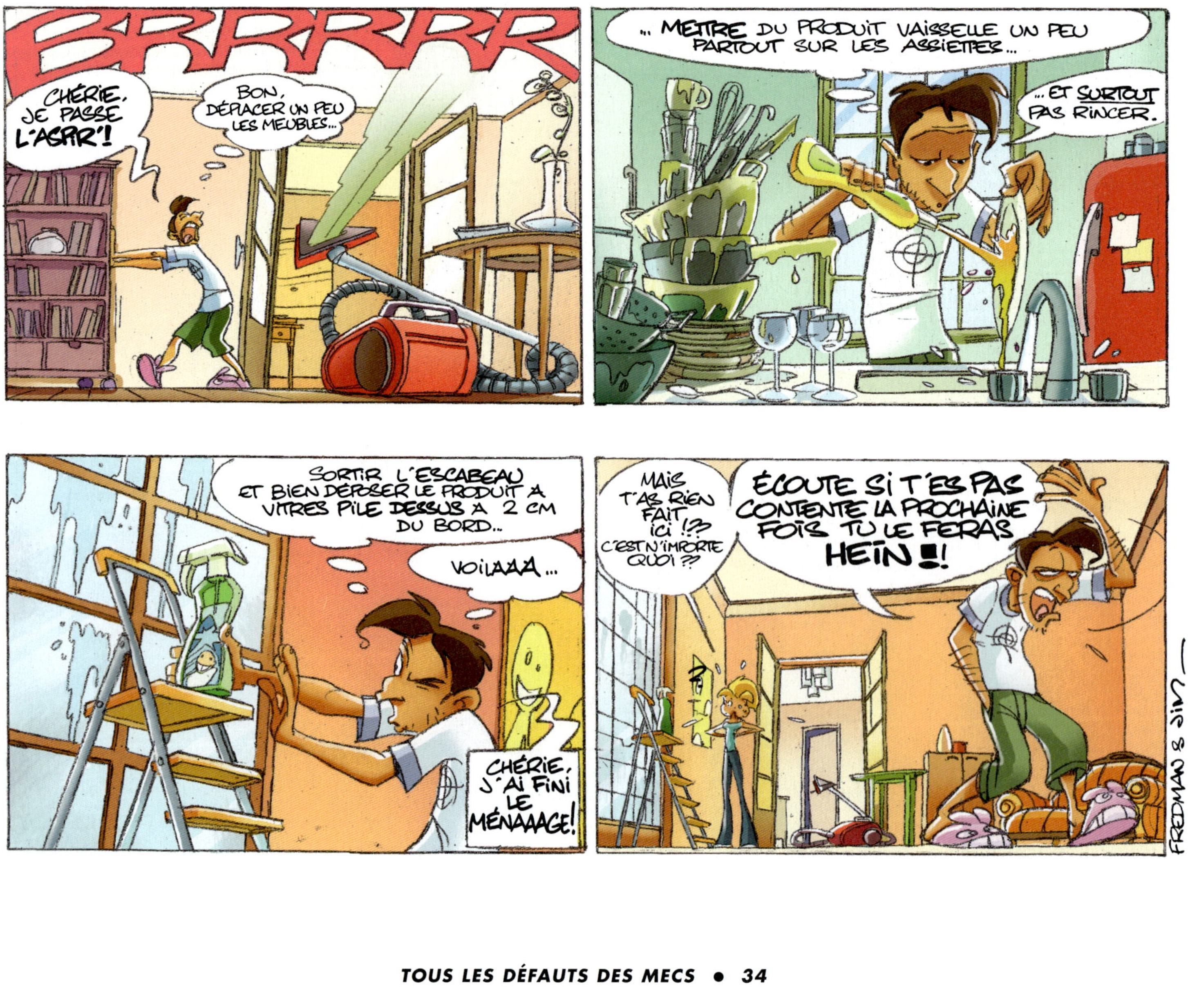

BRRRRRR
CHÉRIE, JE PASSE L'ASPIR'!
BON, DÉPLACER UN PEU LES MEUBLES...
... METTRE DU PRODUIT VAISSELLE UN PEU PARTOUT SUR LES ASSIETTES...
... ET SURTOUT PAS RINCER.
SORTIR L'ESCABEAU ET BIEN DÉPOSER LE PRODUIT À VITRES PILE DESSUS À 2 CM DU BORD...
VOILAAA...
CHÉRIE, J'AI FINI LE MÉNAAAGE!
MAIS T'AS RIEN FAIT ICI !?
C'EST N'IMPORTE QUOI ??
ÉCOUTE SI T'ES PAS CONTENTE LA PROCHAINE FOIS TU LE FERAS HEIN !!
FREDMAN & JIM

LE BOSSEUR

Déf : Adj. Qui usine, turbine, s'active et participe aux tâches ménagères.

100 % des mecs ne cernent pas tout à fait le concept... euh... et le trouvent métaphysiquement nébuleux...

COMMENT ÇA "J'EN FOUS PAS UNE" ET "QUAND JE FAIS QUELQUE CHOSE JE LE FAIS MAL ?"
VIENS LÀ VIENS LÀ QU'ON CAUSE

VOILAAA ASSIEDS-TOI, QUOI ALORS ?
BIN QUOI TU SAIS TRÈS BIEN, LES TÂCHES MÉNAGÈRES T'EN FOUS PAS UNE, T'AVAIS PROMIS DE M'AIDER ET RIEN, RIEN !
RIEN DE NOUVEAU, QUOI !
NAN MAIS... VAS-Y, INSTALLE-TOI BIEN CONFORTABLEMENT, ON EST BIEN LÀ... JE T'AI DIT QUE CETTE ANNÉE JE FERAIS DES EFFORTS, ET J'EN FAIS J'TE PROMETS...
HIN HIN ON Y CROIT, J'VOIS RIEN VENIR...
MAIS SI, RESTE LÀ UN PEU, INSTALLE-TOI BIEN, ON EST BIEN LÀ, NON ?
MAIS DE QUOI TU M'PARLES ? ALLEZ TU M'SOÛLES J'AI DU TAF MOI, NETTOYER LA SALLE DE BAIN, ASPIRATEUR, MERDE !
PUTAIN IL EST PAS VRAI LUI, IMPOSSIBLE DE DISCUTER SÉRIEUSEMENT !...
CHÉRIIIIE, J'AI REPASSÉ TA P'TITE ROBE...
FREDMAN & SIM

LE MAQUÉ À VIE

Déf : Adj. Cimenté dans la vie de couple for eternity. Claquemuré. Vie de couple coulée dans le béton.

Hypocrisie et flou artistique pour 200 % des englués interrogés.

LES FILLES, ÇA FAIT RIEN QU'À PIQUER LES COPAINS DES MECS ET APRÈS, ON LES RECONNAÎT PLUS DU TOUT... TIENS, NOTRE POTE MOUSSOU PAR EXEMPLE ! ÇA Y EST IL EST PERDU AMOUREUX.
TOI MAQUÉ ? DINGUE !
TU LA PAIES C'EST PAS POSSIBLE !
AH AH, RIGOLEZ PÔV NAZES. J'AI TROUVÉ ZE PERLE RARE !

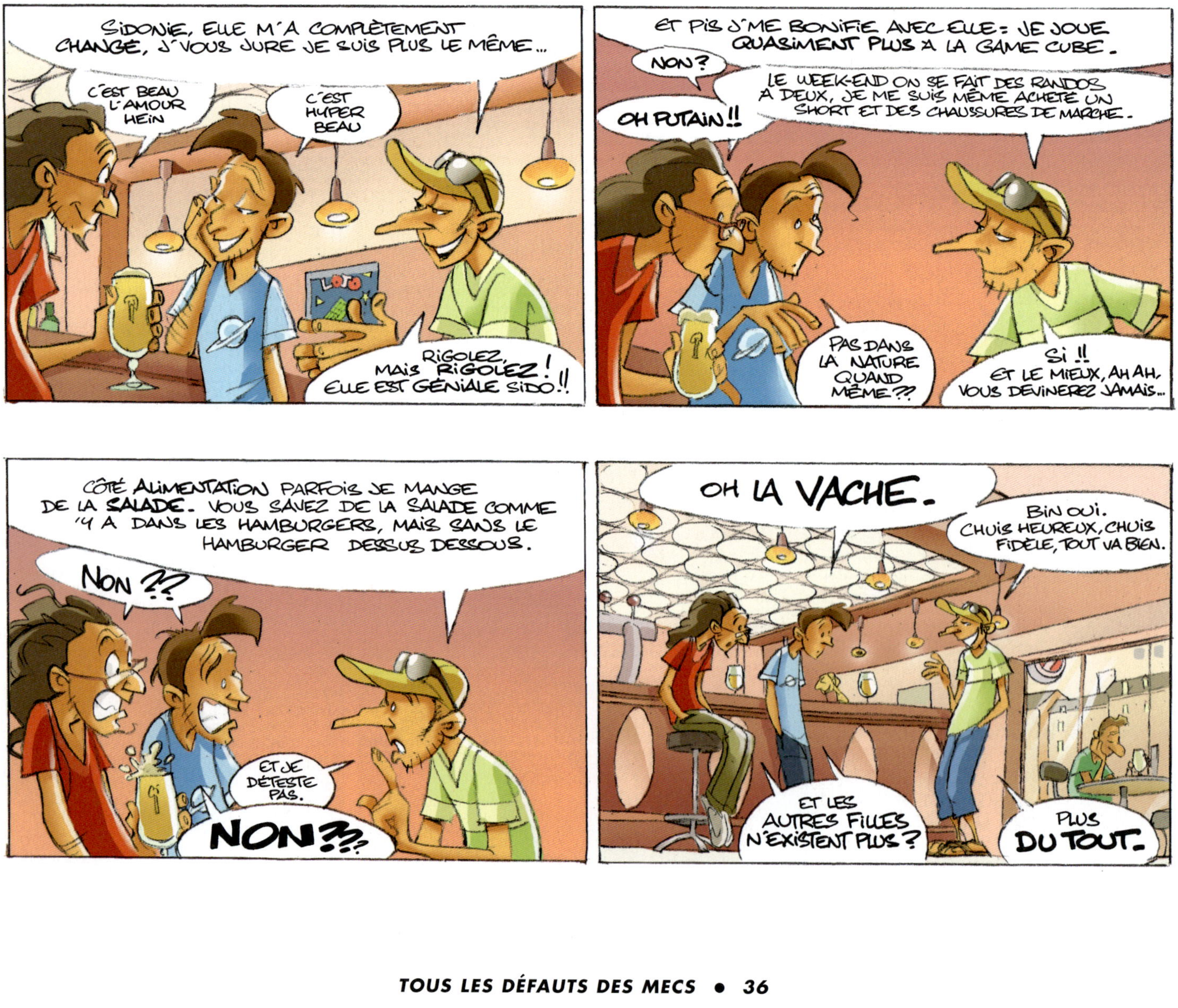

SIDONIE, ELLE M'A COMPLÈTEMENT CHANGÉ, J'VOUS JURE JE SUIS PLUS LE MÊME...
C'EST BEAU L'AMOUR HEIN
C'EST HYPER BEAU
LOTO
RIGOLEZ, MAIS RIGOLEZ ! ELLE EST GÉNIALE SIDO !!
ET PIS J'ME BONIFIE AVEC ELLE : JE JOUE QUASIMENT PLUS À LA GAME CUBE.
NON ?
LE WEEK-END ON SE FAIT DES RANDOS À DEUX, JE ME SUIS MÊME ACHETÉ UN SHORT ET DES CHAUSSURES DE MARCHE.
OH PUTAIN !!
PAS DANS LA NATURE QUAND MÊME ??
SI !! ET LE MIEUX, AH AH, VOUS DEVINEREZ JAMAIS...
CÔTÉ ALIMENTATION PARFOIS JE MANGE DE LA SALADE. VOUS SAVEZ DE LA SALADE COMME Y'A DANS LES HAMBURGERS, MAIS SANS LE HAMBURGER DESSUS DESSOUS.
NON ??
ET JE DÉTESTE PAS.
NON ???
OH LA VACHE.
BIN OUI. CHUIS HEUREUX, CHUIS FIDÈLE, TOUT VA BIEN.
ET LES AUTRES FILLES N'EXISTENT PLUS ?
PLUS DU TOUT.

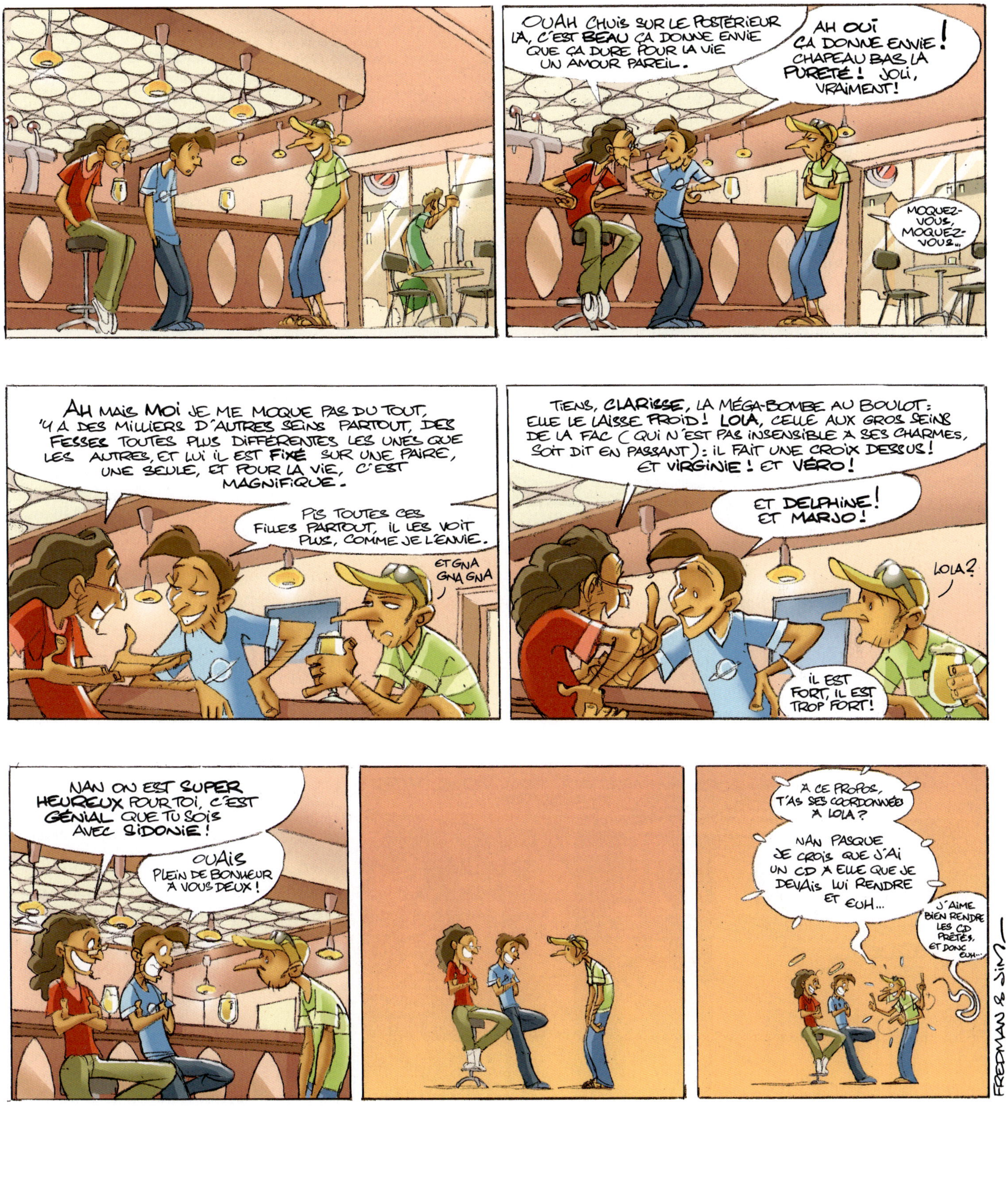
OUAH CHUIS SUR LE POSTÉRIEUR LÀ, C'EST BEAU ÇA DONNE ENVIE QUE ÇA DURE POUR LA VIE UN AMOUR PAREIL.
AH OUI ÇA DONNE ENVIE! CHAPEAU BAS LA PURETÉ! JOLI, VRAIMENT!
MOQUEZ-VOUS, MOQUEZ-VOUS...
AH MAIS MOI JE ME MOQUE PAS DU TOUT, Y A DES MILLIERS D'AUTRES SEINS PARTOUT, DES FESSES TOUTES PLUS DIFFÉRENTES LES UNES QUE LES AUTRES, ET LUI IL EST FIXÉ SUR UNE PAIRE, UNE SEULE, ET POUR LA VIE, C'EST MAGNIFIQUE.
PIS TOUTES CES FILLES PARTOUT, IL LES VOIT PLUS, COMME JE L'ENVIE.
ET GNA GNA GNA
TIENS, CLARISSE, LA MÉGA-BOMBE AU BOULOT: ELLE LE LAISSE FROID! LOLA, CELLE AUX GROS SEINS DE LA FAC (QUI N'EST PAS INSENSIBLE À SES CHARMES, SOIT DIT EN PASSANT): IL FAIT UNE CROIX DESSUS! ET VIRGINIE! ET VÉRO!
ET DELPHINE! ET MARJO!
LOLA?
IL EST FORT, IL EST TROP FORT!
NAN ON EST SUPER HEUREUX POUR TOI, C'EST GÉNIAL QUE TU SOIS AVEC SIDONIE!
OUAIS PLEIN DE BONHEUR À VOUS DEUX!
À CE PROPOS, T'AS SES COORDONNÉES À LOLA?
NAN PASQUE JE CROIS QUE J'AI UN CD À ELLE QUE JE DEVAIS LUI RENDRE ET EUH...
J'AIME BIEN RENDRE LES CD PRÊTÉS, ET DONC EUH...
FREDMAN & JIM

LE GAMIN

Déf : N. Vrai gosse, qui est joueur. Pour qui la vie est une cour de récréation.

Pénibilité maximale pour toute nana vivant avec un prototype mâle gamin (modèle très courant).

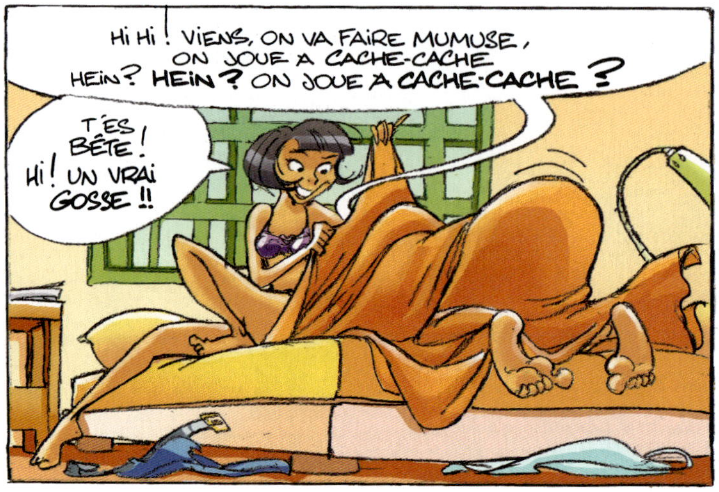
HI HI ! VIENS, ON VA FAIRE MUMUSE, ON JOUE A CACHE-CACHE HEIN ? HEIN ? ON JOUE A CACHE-CACHE ?
T'ES BÊTE ! HI ! UN VRAI GOSSE !!

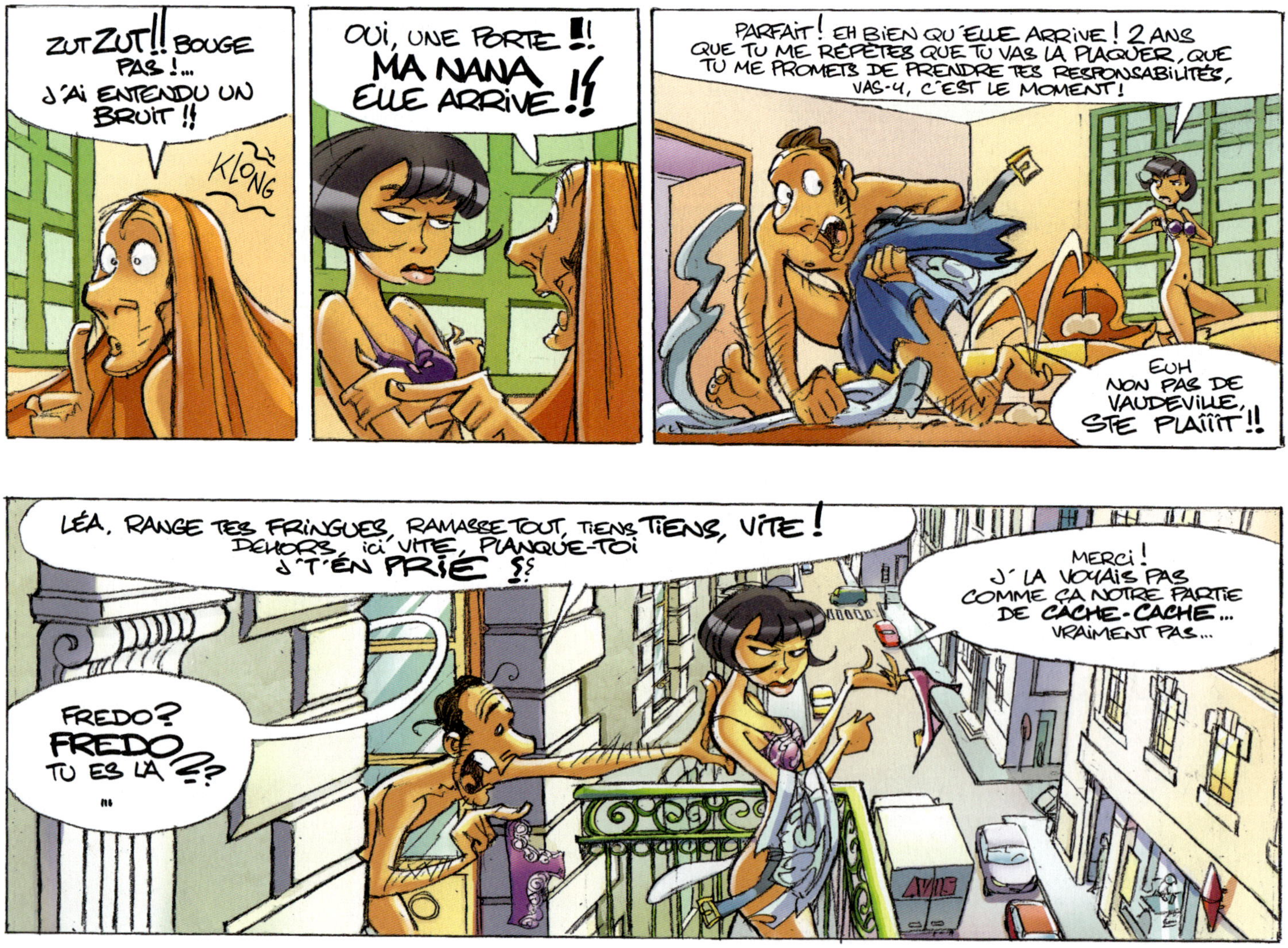
ZUT ZUT !! BOUGE PAS !... J'AI ENTENDU UN BRUIT !!
KLONG
OUI, UNE PORTE !! MA NANA ELLE ARRIVE !!
PARFAIT ! EH BIEN QU'ELLE ARRIVE ! 2 ANS QUE TU ME RÉPÈTES QUE TU VAS LA PLAQUER, QUE TU ME PROMETS DE PRENDRE TES RESPONSABILITÉS, VAS-Y, C'EST LE MOMENT !
EUH NON PAS DE VAUDEVILLE, STE PLAÎÎÎT !!
LÉA, RANGE TES FRINGUES, RAMASSE TOUT, TIENS TIENS, VITE ! DEHORS, ICI VITE, PLANQUE-TOI J'T'EN PRIE !?
FREDO ? FREDO TU ES LÀ ??
MERCI ! J'LA VOYAIS PAS COMME ÇA NOTRE PARTIE DE CACHE-CACHE... VRAIMENT PAS...

... QU'EST-CE QUE TU FAIS AU LIT À 16 H DE L'APRÈS-MIDI TOI ? JE CROYAIS QUE TU BOSSAIS !!
EUH JE... JE BOSSAIS MA SIESTE !!
GROS COUP DE FLEMME DONC EUH...
R'NIFL ! ET ÇA EMPESTE LE SHALIMAR ICI, ME... ME DIS PAS QUE TU AS REVU TA POUFFE ? ME DIS PAS QUE TU L'AS RAMENÉE ICI !!
QUI MOI ? AH NON NON J'LA VOIS PLUS LA POUFFE
J'LA VOIS PLUS
PROMIS
... ET ÇA C'EST QUOI ? C'EST DES TALONS HAUTS POUR LA SIESTE ?? ELLE A OUBLIÉ SA CHAUSSURE DROITE TA CENDRILLON !
TU L'AS REVUE ? TU L'AS REVUE TA POUFFE ??
MERCI POUR LA POUFFE, 3ème FOIS ! AH C'EST AGRÉABLE...
J'LA R'VOIS PAS J'TE JURE ! SUR LA TÊTE DE NOS ENF... EUH DU PAPE !...
TU TE FOUS DE MOI ? FREDO, J'EN AI MARRE QUE TU MENTES COMME UN GOSSE !
MARRE QUE TU TE COMPORTES COMME UN GOSSE !! SOIS ADULTE, ZUT ! ELLE OU MOI, TU CHOISIS !! MAINTENANT !
TROU, PLOUF PLOUF, UNE OIE, DEUX OIES, CE SERA TOI QUI...
FREDMAN & SIM

LE SUBLIMINAL

Déf : Adj. Qui oriente, feinte avec ruse. Qui louvoie et manipule.

0 % de sublime chez les subliminaux.

ILS SONT PETITS TES SEINS HEIN...
JE LES ADORE HEIN [MAIS ILS SONT PAS GROS].
TU LES AIMES PAS ?
AH SI SI [ILS SONT PAS GROS] MAIS JE LES ADORE...

PRESSE
BON TU VIENS ALBERT ??
TOBACO
MEGA VIXEN
OUI OUI

... ET VOUS MONSIEUR, QUE PENSEZ-VOUS DE LA DÉCISION DE VOTRE FEMME DE SE FAIRE GROSSIR LA POITRINE ?
OH, UNE IDÉE A ELLE ! ELLE COMPLEXE, ALLEZ COMPRENDRE POURQUOI ! MOI JE NE PEUX QUE LA SOUTENIR DANS CETTE OPÉRATION QUI...
LA CHIRURGIE FACILE
FREDMAN & JIM

LE VISEUR

Déf : Adj. Qui cible, dirige une arme, un objet vers l'objectif à atteindre (lingettes en option).

100 % de panique féminine devant les viseurs mâles parkinsonniens.

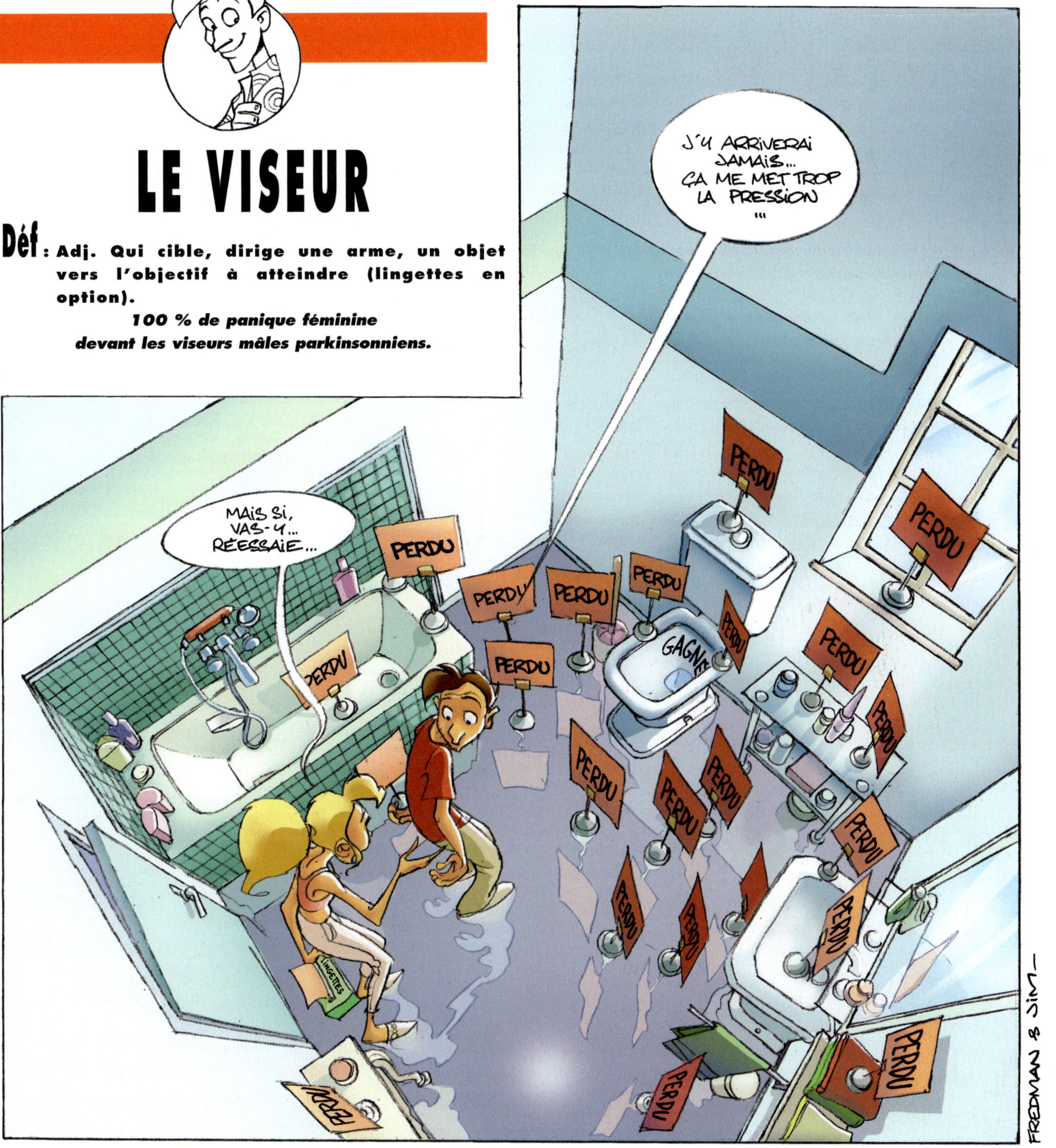
J'Y ARRIVERAI JAMAIS… ÇA ME MET TROP LA PRESSION …
MAIS SI, VAS-Y… RÉESSAIE…
PERDU
GAGNÉ
LINGETTES
FREDMAN & JIM

LE TORDU

Déf : **Adj. Compliqué, pas simple, biseauté de la cafetière. Labyrinthique.**

100 % des mecs s'avouent pas du tout, mais alors-pas-du-tout, tordus.

CHAIS PAS SI C'EST UNE IDÉE DE MEC, MAIS LES FILLES QU'ON VIT AVEC, ON LES CONNAIT TROP, FAUDRAIT POUVOIR LES VOIR DIFFÉREMMENT, EN FAIT...
ENTER
...RETROUVER UNE EXCITATION NEUVE...

C'EST VRAI, POURQUOI LES FILLES SUR LE NET QU'ON LES CONNAIT PAS, ELLES ONT L'AIR PLUS EXCITANTES QUE CELLES QU'ON CONNAIT ?
C'EST LE FILTRE DU NET QUI FAIT ÇA ?
LA OÙ LA RÉALITÉ SERAIT QU'UN TRISTE FILTRE À AMOUR, LE NET SERAIT UN SURPUISSANT PHILTRE D'AMOUR ?

TU VEUX QU'ON SE FASSE UN SITE DE PHOTOS X RIEN QU'À NOUS ?
OUAAAAH LE TRAITRE, C'EST POUR ÇA CE P'TIT REPAS HYPER BIEN ARROSÉ ??
HIPS
EUH OUI J'AVOUE
PASQUE HIPS — TU T'DOUTES BIEN QU'IL Y A QUE SI J'SUIS PAS DANS MON ÉTAT NORMAL...

... QUE J'PEUX ACCEPTER UN PLAN COMME ÇA !!
D'AC !! CHAUD DEVANT UN STRIP DE STAAAR !
HOULA HOULA VITE MON NUMÉRIQUE !! VITE VITE !!

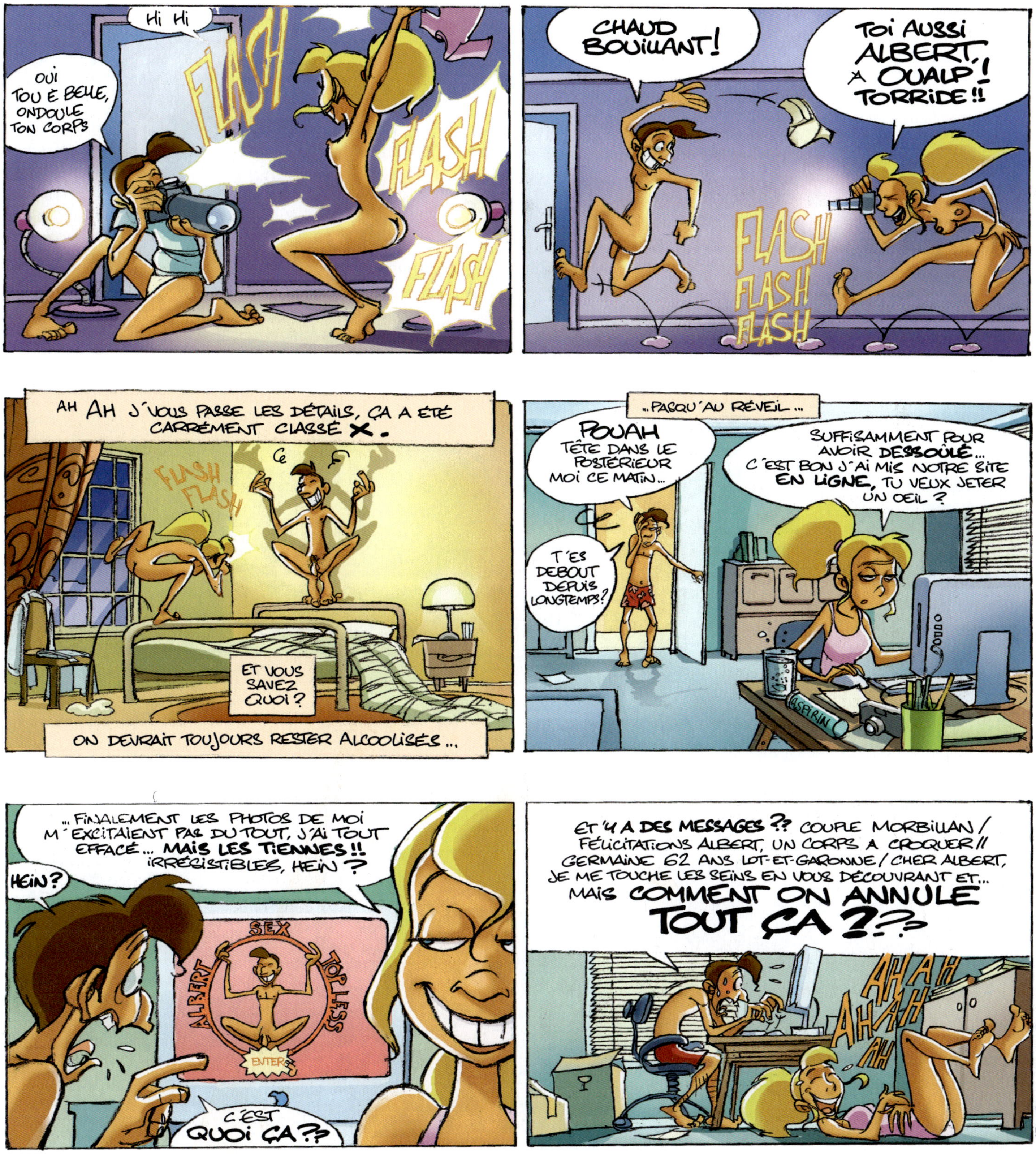
Hi Hi
OUI TOU È BELLE, ONDOULE TON CORPS
FLASH
FLASH
FLASH
CHAUD BOUILLANT!
TOI AUSSI ALBERT, À OUALP! TORRIDE!!
FLASH FLASH FLASH
AH AH J'VOUS PASSE LES DÉTAILS, ÇA A ÉTÉ CARRÉMENT CLASSÉ X.
FLASH FLASH
ET VOUS SAVEZ QUOI?
ON DEVRAIT TOUJOURS RESTER ALCOOLISÉS...
...PASQU'AU RÉVEIL...
POUAH TÊTE DANS LE POSTÉRIEUR MOI CE MATIN...
T'ES DEBOUT DEPUIS LONGTEMPS?
SUFFISAMMENT POUR AVOIR DESSOULÉ... C'EST BON J'AI MIS NOTRE SITE EN LIGNE, TU VEUX JETER UN OEIL?
ASPIRIN
...FINALEMENT LES PHOTOS DE MOI M'EXCITAIENT PAS DU TOUT, J'AI TOUT EFFACÉ... MAIS LES TIENNES!! IRRÉSISTIBLES, HEIN?
HEIN?
SEX
ALBERT TOP LESS
ENTER
C'EST QUOI ÇA??
ET Y A DES MESSAGES?? COUPLE MORBILLAN / FÉLICITATIONS ALBERT, UN CORPS À CROQUER!! GERMAINE 62 ANS LOT-ET-GARONNE / CHER ALBERT, JE ME TOUCHE LES SEINS EN VOUS DÉCOUVRANT ET... MAIS COMMENT ON ANNULE TOUT ÇA???
AH AH AH AH AH
FREDMAN & JIM

LE RAT

Déf : N. Mammifère rongeur plutôt nuisible (à la gent féminine).

0 % de charme recueilli sur un petit rat de laboratoire lors des toutes dernières études.

TUT-TUT POUET
OH REGARDE ALBERT!

GÉNIAL!
TUT POUET
M'OUAiiiis, "GÉNIAL" 'FAUT LE DIRE VITE! OH LE BUDGET LOCATION DE VIEILLES CAISSES! PIS ÇA CONSOMME DU 30 LITRES AUX CENT!..

ET LÀ REGARDE ÇA!! MAGIQUE!! 'Y A AU MOINS 2000 BALLONS!
JUST MARIED
POUAH! TOUT DANS L'ÉPATE, OUI! OH LES CONS! AH 'FAUT AIMER JETER SA THUNE!!

TOUT
TUT
POUET TUT POUF
BRAVOOOOHOURRAAA
OH LA ROBE !!! ALBERT REGARDE ÇA, LE RÊVE !! UNE VRAIE PRINCESSE !
VIVE LES MARIÉS ! BRAVO !!
PF ! DU GUERLAIN, DU GIVENCHY, VULGAIRE ! ÇA FAIT TRÈS NOUVEAU RICHE SURTOUT !!
ENFIN MOI, C'EST PAS VRAIMENT C'QUE J'APPELLE SAVOIR GÉRER UN BUDGET, HEIN...
OUI MAIS QUAND MÊME ... TROP BEAU...
BON ALLEZ HOP ! ON SE RESSAISIT LA, OÙ ON EN ÉTAIT ? OH OH ON SE RÉVEILLE !
AH OUI ALORS MOI, LA PHOTO...
ET MOI LE RIZ, J'EN AI MIS DANS QUELLE POCHE DÉJA ?
SUR CE VIEUX JETABLE DOIT M'RESTER 2 PHOTOS...
ALLEZ YOUPIE, VIVE LES MARIÉS, VIVE LES MARIÉS !
C'EST VRAI QUOI, DEUX TÉMOINS ET BASTA, AU NIVEAU DES FRAIS AU MOINS C'EST CARRÉ, ON SAIT OÙ ON VA...
CLIC-CLIC.
AHÉ !
OUI OUI
MAIRIE
... ET GASPILLE PAS TROP LE RIZ, STAN, LES PHOTOS SONT FINIES, LA...
FREDMAN & JIM

LES CONNAISSEURS

Déf : N. et Adj. Expert, balèze dans un domaine. Qui assure. Qualité hautement masculine (si l'on en croit les hommes).
Œnologie soi-disant maitrisée par 200 % des neuneus au logis.

TU CONNAIS LA RÈGLE DES TROIS CRITÈRES PRIMAIRES D'UN VRAI MEC DE 35 ANS ?
AH BIN NON...
BIN NORMALEMENT À CET ÂGE-LÀ...

... UN MEC DOIT :
– AVOIR UNE VRAIE VOITURE.
– AVOIR DEUX ENFANTS.
– S'Y CONNAITRE EN VIN...
AÏE ! 'PAS CHOISI LE BON MILLÉSIME EN MEC, MOI ! AUCUN ENFANT, STAN EST STÉRILE À L'IDÉE... ON ROULE EN FIAT PANDA...
MÊME BILAN DE MON CÔTÉ, NOT' SCÉNIC PREMIER MODÈLE FRÔLE LES 600 000 KM...
EH EH...
J'AI RÉUSSI À LUI ARRACHER UN ENFANT ET IL PENSE DÉJÀ À LA VASECTOMIE... MAIS EN MATIÈRE DE VIN...
... ON VA ÊTRE FIXÉES ! REGARDE !
UN ST-ÉMILION GRAND PRESTIGE 1959... VIDE ?
OUAI'P, TROUVÉ DANS LA POUBELLE DU VOISIN ! JE L'AI NETTOYÉE, ET...
BLOOB
BLOOB
BLOOB
OUAH T'ES UNE GARCE TOI !
ON VA JUSTE VERSER DEDANS UN VULGAIRE 3 ÉTOILES À 1 EURO 05, ON VA BIEN VOIR S'ILS S'Y CONNAISSENT NOS DEUX LOULOUS...
POP !
ST-ÉMILION GRAND PRESTIGE 1959, T'AS ACHETÉ ÇA TOI ??
À EN CROIRE LE CAVISTE, C'EST LE TOP ! ET C'ÉTAIT HYPER CHER !! J'ME SUIS DIT ALLEZ, JE FAIS PLAISIR AUX HOMMES ! SOIS FOLLE !

TU EN BOIS PAS ?
NON NON, CE SERAIT GÂCHER, JE LAISSE AUX CONNAISSEURS.
OH PUTAIN ISA ! REGARDE CE QUE TU FAIS ! VERSE DÉLICATEMENT !!
REGARDE SA ROBE !! CE POURPRE, CE POURPRE !!
ET CE TANIN ! CE TANIN ! OHAAA !
L'ÉCLAT LUMINEUX DE SA ROBE, ON DIRAIT DE LA DENTELLE, J'Y CROIS PAS !!
CE NEZ ! IL A UN BOUQUET !! IL A L'AIR CHARNU CE VIN !
IL A L'AIR ROND, HEIN, TU NOTERAS.
SENS ÇA ! C'EST AU-DELÀ DES MOTS UN NEZ PAREIL ! J'EN PLEURE !
AH AH LES FILLES, QUEL CADEAU ! ... ALLEZ JE GOÛTE.
DOUCEMENT DOUCEMENT MALHEUREUX !! EFFLEURE SON BOUQUET D'ABORD !!
HÛME ! HÛME LES BOIS !!
OUIII IL A DES SAVEURS DE FRUITS DES BOIS !!!
ALLEZ, JE GOÛTE...
ALORS LÀ, JE DIS RESPECT.
RESPECT. JE LE DIS AUSSI.
IL M'ASSIED CE VIN. ALORS LÀ, CHUIS À GENOUX TELLEMENT Y' M'ASSIED.

IL EST ÉTONNANT. IL A L'AIR JEUNE DE PRIME ABORD.
OUI C'EST FORT C'EST UN FAUX JEUNE ! IL EST CHARPENTÉ ET SUAVE !!
IL EST TOUT EN ATTAQUE !!
ROBUSTE ET SENSIBLE ! IL SE DÉVOILE PAS FACILEMENT TU REMARQUERAS !!...
EXACTEMENT. IL NE CÈDE PAS À LA FACILITÉ D'ÊTRE SÉDUISANT DE PRIME ABORD, ÇA C'EST LE PRIVILÈGE DES GRANDS.
ALLEZ J'Y RETOURNE.
RESPECT.
RESPECT.
AH OUI ! DIEU EXISTE !! TU SENS BIEN LE BOUQUET SUBTIL, CE P'TIT FLORILÈGE DE SAVEURS !! Y A COMME UNE ACIDITÉ FINE ET DÉLICIEUSE...
IL EST CORSÉ, IL A DU CORPS HEIN
... ET DE L'ESPRIT ! AH VOUS LOUPEZ QUELQUE CHOSE LES FILLES !!
PFFFF
IL EST REBELLE ! IL EST FLEURI !
IL PERLE DE LA CUISSE LÀ !!!
TIENS, Y A UN FOND DE CHAMPAGNE, ON SE LE FINIT À DEUX ?
ALLEZ BANCO.
AAAH LES FILLES, SI VOUS SAVIEZ...
HÛM QU'IL EST GRAND...
OH PUTAIN ON EST PEU DE CHOSES HEIN !
HA HA ! ALLEZ À LA TIENNE ! LES MECS DE NOTRE GÉNÉRATION SONT PAS UNE EXCELLENTE CUVÉE, HEIN...
CLING
AH LES AUTRES JE SAIS PAS,... MAIS NOUS ON N'EST PAS TOMBÉES SUR DE GRANDS CRUS !
J'VAIS T'DIRE J'ENTREVOIS L'IMMENSITÉ HIPS DE L'UNIVERS LÀ...
M... MOI J'TRAVERSE LES GALAXIES, MOI... HIPS
FREDMAN & JIM 2005